江苏新农村发展系列报告

江苏农村农业生产经营发展报告 2015

冯淑怡　陆华良　张　兰等　著

科　学　出　版　社

北　京

内 容 简 介

本书包括江苏农村农业生产经营发展总报告，农村土地承包及流转、农业生产经营主体、农产品生产、农产品流通四个专题发展报告，以及典型案例评析六个部分。总报告简要总结了江苏省农村农业生产经营的总体发展状况。四个专题发展报告分别就江苏省农村土地承包及流转、农业生产经营主体、农产品生产和农产品流通等方面进行研究，分析了其最新发展动向、发展趋势、发展现状，考察了江苏省在全国的地位，并针对苏南、苏中、苏北三大区域的各个城市进行区域比较。典型案例评析针对江苏农村农业生产经营发展中的典型案例，从基本概况、具体做法、发展成效和经验启示四个方面进行评析。附录中梳理了农村农业生产经营发展的重要政策法规和大事记。

本书内容丰富，数据翔实，可供高等学校和科研院所相关学科的研究人员、农业主管部门及有关人员参考。

图书在版编目（CIP）数据

江苏农村农业生产经营发展报告. 2015 / 冯淑怡，陆华良，张兰等著. —北京：科学出版社，2016. 12

ISBN 978-7-03-051143-0

Ⅰ. ①江… Ⅱ. ①冯… ②陆… ③张… Ⅲ. ①农业生产–研究报告–江苏– 2015 Ⅳ. ①F327.53

中国版本图书馆 CIP 数据核字(2016)第 312703 号

责任编辑：黄 海 / 责任校对：钟 洋
责任印制：张 伟 / 封面设计：许 瑞

科 学 出 版 社 出版
北京东黄城根北街 16 号
邮政编码：100717
http://www.sciencep.com
北京中石油彩色印刷有限责任公司 印刷
科学出版社发行 各地新华书店经销
*
2016 年 12 月第 一 版 开本：787×1092 1/16
2016 年 12 月第一次印刷 印张：12 3/4
字数：300 000

定价：68.00 元

（如有印装质量问题，我社负责调换）

《江苏农村农业生产经营发展报告 2015》

主要撰写人员

冯淑怡　陆华良　张　兰　赖映圻　吕沛璐

肖泽干　王　博　李　静　温亚霖　李　炜

孔　岩　鲁力翡　穆亚丽　邱　琦　黄　挺

前　言

党的十八大提出，要促进工业化、信息化、城镇化、农业现代化同步发展。农业现代化是国家现代化的基础和支撑，然而，长期以来，农业现代化发展却相对滞后。农业是现代化中突出的“短板”，全面建成小康社会的重点和难点仍然在农村。

我国经济发展进入新常态，加快推进农业现代化，对稳增长、调结构、惠民生意义重大。“十三五”期间农业农村工作，要坚持创新、协调、绿色、开放、共享的发展理念，牢固树立强烈的短板意识，坚持问题导向，切实拉长农业这条“四化同步”的短腿、补齐农村这块全面小康的短板。

2015 年是江苏省“十二五”期间贯彻落实“六个注重”、实施“六大战略”和推进“两个率先”的收官之年，也是贯彻落实习近平总书记 2014 年视察江苏时提出的“推动现代农业建设迈上新台阶”的关键之年。江苏“三农”工作要按照生产技术先进、经营规模适度、市场竞争力强、生态环境可持续的要求，加快建设现代农业。要重点做好以下六个方面：加快培育新型农业经营主体，加快构建现代农业产业体系，加快提高农业物质装备和技术水平，扎实推进农村改革，着力保障和改善农村民生，加大对农业农村的支持保护力度。

《江苏农村农业生产经营发展报告 2015》得到中央高校基本科研业务费专项资金、南京农业大学人文社会科学重大招标项目资助（项目编号：SKZD201306）。项目负责人为冯淑怡教授，主要成员有陆华良教授、博士生张兰、吕沛璐、王博、肖泽干和江苏省农业委员会黄挺等。项目组在制订详细研究方案的基础上，多次走访了江苏省农业委员会、江苏省委农村工作领导小组办公室、江苏省统计局、国家统计局江苏调查总队等相关政府部门，获取了丰富的调研资料；组织 30 多名研究生实地调查了 9 个市、11 个县（市、区）、30 个乡镇、60 个村，完成了 693 个农户和 114 个大户的问卷调研。经过大家的努力，形成了《江苏农村农业生产经营发展报告 2015》。在此，衷心感谢调查对象的帮助与支持！衷心感谢相关政府部门的大力支持与帮助！衷心感谢同学们的参与和付出！

由于作者水平有限和时间紧迫，书中疏漏和不当之处在所难免，欢迎广大读者批评指正。

著　者

2016 年 12 月

目　录

第一章　江苏农村农业生产经营发展总报告

一、农村土地承包及流转发展总报告

1. 农村土地承包发展总报告

2014 年，中共中央《关于全面深化农村改革加快推进农业现代化的若干意见》和江苏省委、省政府《关于全面深化农村改革深入实施农业现代化工程的意见》明确要求稳定农户承包权，保护农民权益，扩大农村土地承包经营权确权登记颁证试点，规范承包档案管理，充分依靠农民群众自主协商解决工作中遇到的矛盾和问题，可以确权确地，也可以确权确股不确地。

2014 年江苏省稳步推进和扩大农村土地承包经营权确权登记颁证试点工作，农民土地承包经营权得到有效保护。截至 2014 年底，江苏省纳入统计的 17633 个村（社区），家庭承包经营耕地面积为 5065.97 万亩，家庭承包经营农户为 1270.86 万户，其中，家庭承包合同签订率高达 97.99%，土地承包经营权证书颁发率达到 95.07%。

2. 农村土地承包经营权流转发展总报告

2014 年，中共中央《关于全面深化农村改革加快推进农业现代化的若干意见》和江苏省委、省政府《关于全面深化农村改革深入实施农业现代化工程的意见》明确提出，在坚持农村土地集体所有的前提下，实现所有权、承包权、经营权三权分置，形成土地经营权流转的格局。

2014 年江苏省农村土地经营权流转比例、流转形式、流转去向以及流转规范程度都维持着良好的发展态势。①流转总体情况。截至 2014 年底，江苏省耕地流转总面积达 2959.76 万亩，占家庭承包经营耕地面积的比重已达

58.42%，且苏南（75.11%）、苏中（52.00%）和苏北（57.17%）流转比例呈现明显的地区差异。②流转形式。2014 年，江苏省家庭承包耕地流转的主要形式为出租（37.24%）、转包（31.83%）和股份合作社流转（22.18%），苏南和苏中新型的股份合作社流转形式占比较大（分别为 41.10%和 31.73%），而苏北仍以传统的转包（43.77%）和出租（39.55%）形式为主。③流转去向。江苏省家庭承包耕地主要流向农户和农民专业合作社，两者占比之和为 75.25%。三大区域家庭承包耕地的主导流转去向有所不同，苏南和苏中流转入专业合作社的耕地面积占比最高（分别为 42.18%和 41.08%），而苏北耕地主要流入农户（比重为 57.67%），说明苏南和苏中承包耕地流向新型规模经营主体的趋势显著，而苏北仍以传统农户流入为主。④流转合同签订率。江苏省农地流转规范化程度较高，截至 2014 年底，全省流转合同签订率达到 75.47%，其中苏中流转合同签订率最高，为 82.58%。

二、农业生产经营主体发展总报告

2014 年，江苏省主要从以下几个方面培育新型农业经营主体、发展新型农业经营体系：一是加快培育新型职业农民，提高农业从业人员的素质；二是建立江苏省示范家庭农场名录制度，全面落实各项扶持政策；三是建立政府优先扶持农民合作社名录，推进农民合作社规范化建设；四是引导农业龙头企业建立现代企业制度，动态监测和认定省级农业龙头企业。

据江苏省农业委员会统计：①小农户。至 2014 年底，江苏省家庭承包经营农户 1270.86 万户、经营总面积 5065.97 万亩，户均经营耕地面积 3.99 亩。其中，苏北户均承包经营耕地面积为 4.81 亩，明显高于苏南的 3.30 亩和苏中的 3.15 亩。②农民合作社。至 2014 年底，江苏全省有 14525 家比较规范的合作社被列入 2014 年政府优先扶持农民专业合作社名录。此外，江苏省还有 150 家农业类合作社进入首批国家农民合作社示范社名录。③农业龙头企业。至 2014 年底，江苏全省共有 607 家省级以上农业龙头企业，包括 61 家国家级农业龙头企业和 546 家省级农业龙头企业。全省 607 家省级以上农业龙头企业实现销售收入 6998.80 亿元，实现纯利 199.66 亿元，带动农户 1135 万户。④家庭农场。至 2014 年底，江苏省经农业部门认定的家庭农场达到 2.18 万家。有 111 家家庭农场被列入《2014 年省级示范家庭农场名录》，其中苏南 36 家，苏中 27 家，苏北 48 家；有 306 家家庭农场被列入《2015 年省级示范家庭农场名录》，其中苏南 103 家，苏中 76 家，苏北 127 家。

三、农产品生产发展总报告

2014 年，江苏省主要从以下几个方面促进农产品生产：一是保障粮食等主要农产品有效供给；二是推进菜篮子基地建设；三是出台强农惠农富农主要政策；四是加强以水利为重点的农业基础设施建设；五是推进农业科技创新与推广体系建设；六是构建现代农业生产体系；七是推进农产品质量安全建设；八是实施高效设施农业转型升级三大工程。

至 2014 年底，江苏省农业生产效益不断提高，农产品生产保持良好发展态势。①农业总产值。江苏省农业总产值为 3362.81 亿元，占农林牧渔业总产值的比重为 52.19%。三大区域中苏北农业总产值最高，为 1872.15 亿元，占全省农业总产值的比重为 55.67%。②农作物播种面积与产量。江苏省农作物总播种面积为 7848.72 千公顷。其中，苏北农作物播种面积最高，为 4710.49 千公顷，占全省农作物总播种面积的 60.02%，且其粮食、棉花（皮棉）、蔬菜（含菜用瓜）和瓜果类的播种面积和总产量都居全省首位。除棉花（皮棉）和瓜类外，江苏省各类农作物单位面积产量均有所提升，其中粮食单产达 7105 千克/公顷；苏南粮食单产最高，而苏北棉花（皮棉）、油料、蔬菜（含菜用瓜）、瓜果单产最高。③农业现代化。江苏省农业现代化水平稳步提升，机播面积占播种面积的比重达 56.54%，其中苏北机械化水平最高。江苏省农村用电、农用薄膜、农用柴油单位播种面积使用量分别增加至 0.23 亿千瓦时/千公顷、15.27 吨/千公顷和 136.90 吨/千公顷，农药和化肥单位面积使用量分别减少为 10.13 吨/千公顷和 412.31 吨/千公顷。其中，苏南单位播种面积农村用电、农用薄膜和农药使用量最高；而苏北单位播种面积农用柴油和化肥使用量最高。④高效设施农业情况。

江苏省高效设施农业面积达 757.67 千公顷，占全省耕地面积的 16.50%。

四、农产品流通发展总报告

2014 年，江苏省主要从以下两方面完善农产品流通体系：一是加快建设和完善现有农产品现代流通体系；二是打造升级版农村流通网络。

截至 2014 年底，江苏省农产品流通得到快速发展，农产品流通体系逐步完善。①农产品批发市场。江苏省已建成亿元以上农产品专业市场 104 个，总营业面积 350.81 万平方米，总成交额达 1450.17 亿元；农业部定点农产品批发市场 33 家，交易总额为 2239.20 亿元；省级重点农产品批发市场 68 家，交易总额为 2910.00 亿元，年交易额突破百亿元的达 9 家、超 50 亿元的达 13 家、超 30 亿元的达 21 家、超 20 亿元的达 30 家。②供销合作社。江苏省供销合作社系统实现销售总额 8200 亿元，其中，实现农产品市场交易额 1479 亿元，实现农副产品购进额 1414 亿元。这些成效主要通过以下三种途径实现：第一，江苏省供销合作社系统继续推进“新网工程”建设。2014 年，全系统确定了 68 个新网工程专项资金扶持项目，包括 30 个农产品项目；新办连锁企业 14 个，累计建办 269 个；新建配送中心 16 个，累计建办 358 个；新增连锁网点 1879 个，累计达 45866 个。第二，江苏省供销合作社系统继续推进农产品市场体系建设。截至 2014 年 6 月，全系统共新建和改造升级 16 个农产品市场，农产品市场总数累计达到 310 个；农产品市场交易额达 693 亿元。第三，江苏省供销合作社系统继续推进农产品电子商务平台建设。共有电子商务企业 81 家，实现销售额 17.70 亿元。③农产品直销（直供）店。江苏省共组建“苏合”销售联社 95 余家，在城市开设直营店 270 余家，进城直销农产品超过 31 亿元。此外，江苏省商务厅推出“鲜活农产品直供社区”三年行动计划。截至 2014 年 3 月 7 日，江苏省所辖 13 市的 16 家企业建成 392 个社区直供示范店（站）；2014 年 9 月，江苏省又确定 21 家企业作为 2014 年鲜活农产品直供社区示范工程的承办企业，并拟予资金扶持。

第二章 江苏农村土地承包及流转发展报告

一、农村土地承包及流转新动向

1. 农村土地承包新动向

党的十八大以来，党和政府对深化农村土地制度改革，特别是农村土地确权登记颁证工作做出了新一轮的部署。2013 年 12 月，中央农村工作会议对完善农村基本经营制度提出了“落实集体所有权、稳定农户承包权”的新要求。2014 年中央一号文件《关于全面深化农村改革加快推进农业现代化的若干意见》明确指出，“切实加强组织领导，抓紧抓实农村土地承包经营权确权颁证工作，充分依靠农民群众自主协商工作中遇到的矛盾和问题，可以确权确地，也可以确权确股不确地，确权登记颁证工作经费纳入地方财政预算”。为了深入贯彻中央农村工作会议和 2014 年中央一号文件精神，农业部发布《关于切实做好 2014 年农业农村经济工作的意见》强调，“抓紧抓实农村土地承包经营权确权登记颁证工作，进一步扩大试点范围，选择 2 个省开展整省试点，其他省份至少选择 1 个整县开展试点”。

为了贯彻落实中央的文件精神，2014 年 1 月，中共江苏省委、省政府制定了《关于全面深化农村改革深入实施农业现代化工程的意见》，文件中明确“扩大农村土地承包经营权确权登记颁证试点，规范承包档案管理，可以确权确地，也可以确权确股不确地；2014 年，全省每个市都要选择 1 个县（市、区）整县开展土地承包经营权确权登记颁证试点，每个县（市、区）都要选择 1 个乡镇开展试点，力争用 3 年时间基本完成农村土地承包经营权确权登记颁证工作”。随后，中共江苏省委农村工作领导小组发布《关于推进全省农村土地承包经营权确权登记颁证试点工作的通知》，就进一步规范有序推进江苏省农村土地承包经营权确权登记颁证试点作了具体部署，选择高淳、惠山、铜山、沛县、金坛、昆山、海门、东海、灌云、金湖、东台、高邮、江都、扬中、姜堰、泗洪 16 个县（市、区）作为整县推进试点地区，并要求“2015 年在全省范围内全面开展农村土地承包经营权确权登记颁证工作，2016 年总体完成工作”。

围绕着推进江苏省农村土地承包经营权确权登记颁证试点工作，江苏省相关部门从部署、推进和验收等方面开展了如下工作：①部署方面，2014 年 5 月 15 日，江苏省农委工作领导小组召开全省农村土地承包经营权确权登记颁证试点工作推进会，贯彻落实党的十八届三中全会精神和省委十二届六次全会部署，统一思想认识，明确目标任务，把握政策界限，稳步推进农村土地承包经营权确权登记颁证试点工作；②推进方面，2014 年 6 月和 8 月，江苏省政府分别组织召开苏南片和苏中、苏北片的农村土地承包经营权确权登记颁证试点工作座谈会，分析各地试点工作推进情况，研究部署下一阶段工作任务；2014 年 9 月，江苏省经管站在徐州召开农村土地承包经营权确权登记颁证工作技术方法和质量控制座谈会；2015 年 4 月，江苏省农委举办全省农村土地承包经营权确权登记颁证专题业务培训班；2015 年 8 月，江苏省政府办公厅及省农委召开全省农村土地承包经营权确权登记颁证进展工作座谈会，了解各地试点工作的进展；③验收方面，2015 年 5 月，江苏省农委起草《全省农村土地承包经营权确权登记颁证成果验收办法》并征求有关部门意见；2015 年 7 月，江苏省农委组织听取基层对《全省农村土地承包经营权确权登记颁证成果验收办法》的意见，并对该成果验收办法进行修改。

2. 农村土地流转新动向

与此同时，中央层面和江苏省级层面也对农村土地流转工作作出了部署。中央农村工作会议、2014 年中央一号文件、《关于切实做好 2014 年农业农村经济工作的意见》、《关于引导农村土地经营权有序流转发展农业适度规模经营的意见》等对农地流转的主要政策导向为：①鼓励有条件的农户流转承包土地的经营权，有条件的地方还可对流转土地给予奖补；②强调家庭经营的基础地位；③加快建立农地经营权流转市场的步伐；④土地流转和适度规模经营都要尊重农民意愿，不能强制推动。

为了贯彻中央的精神，江苏省委、省政府也作出了相应部署。2014 年，中共江苏省委、省政府《关于全面深化农村改革深入实施农业现代化工程的意见》中明确指出，“建设现代农业，必须坚持农村基本经营制度和家庭经营在农业中的基础性地位，推进家庭经营、集体经营、合作经营、企业经营等共同发展”，“支持各县（市、区）依托现有产权市场、土地承包经营权流转平台或其他交易平台，建立农村产权交易市场”，“合理把握土地承包经营权流转、集中经营规模，切实尊重农民意愿，不准强制农民流转土地”。

为了规范农村土地承包经营权的流转，江苏省各地涌现不同的举措推动农村土地经营权的有序流转。灌云县以确权为前提，规范土地承包档案管理，健全农村土地承包经营权档案和流转管理电子信息系统，与此同时，建立土地流转登记备案制度，规范土地流转合同，提高合同签订率。海门市印发《海门市农村产权交易管理办法（试行）》，强调农村产权交易应当规范，并要坚持依法、自愿、有偿、公开、公平的原则，尊重农民的主体地位，鼓励农民个人产权进行流转交易。淮安市通过搭建平台、政策扶持、鼓励经营“三项政策”促进农地承包经营权有序流转。

二、农村土地承包及流转发展趋势

1. 农村土地承包发展趋势

2012~2014 年江苏省农村土地承包情况基本保持稳定。具体来看，江苏省家庭承包经营的耕地面积占集体所有的耕地总面积比例略有下降，从 2012 年的 99.53%减少到 2014 年的 96.19%；全省机动地面积波动幅度较小；户均承包经营耕地面积略有增加，从 2012 年的 3.96 亩增加到 2014 年的 3.99 亩；全省家庭承包合同签订率和土地承包经营权证书颁发率逐年上升，表明江苏省土地承包趋于规范（表 2-1）。

表 2-1　2012~2014 年江苏省农村土地承包情况

年份	集体所有的耕地总面积/万亩	家庭承包经营的耕地		机动地		家庭承包经营的农户数/万户	户均承包经营耕地面积/（亩/户）	家庭承包合同		颁发土地承包经营权证	
		面积/万亩	占比/%	面积/万亩	占比/%			数量/万份	合同签订率/%	数量/万份	颁发率/%
2012	5128.30	5104.10	99.53	34.00	0.66	1288.40	3.96	1235.20	95.87	1206.40	93.64
2013	5240.30	5077.67	96.90	37.42	0.71	1279.96	3.97	1245.20	97.28	1207.48	94.34
2014	5266.40	5065.97	96.19	37.08	0.70	1270.86	3.99	1245.35	97.99	1208.17	95.07

资料来源：江苏省农村集体财务、资产与农经统计年报资料汇编（2012~2014）

表 2-2　2012~2014 年江苏省三大区域农村土地承包情况

区域	年份	集体所有的耕地		家庭承包经营的耕地		机动地		家庭承包经营的农户数/万户	户均承包经营耕地面积/（亩/户）	家庭承包合同		颁发土地承包经营权证[c]	
		面积/万亩	占比[a]/%	面积/万亩	占比[b]/%	面积/万亩	占比[b]/%			数量/万份	合同签订率/%	数量/万份	颁发率/%
苏南	2012	904.90	17.65	934.30	103.25[d]	10.00	1.11	283.90	3.29	269.50	94.93	256.10	90.21
	2013	940.50	17.95	925.71	98.43	11.78	1.25	278.89	3.32	263.67	94.54	249.30	89.39
	2014	931.30	17.68	904.83	97.16	12.47	1.34	273.78	3.30	259.55	94.80	242.50	88.58
苏中	2012	1249.90	24.37	1221.40	97.72	6.40	0.51	384.60	3.18	380.70	98.99	369.8	96.15
	2013	1265.40	24.15	1216.60	96.14	6.23	0.49	384.01	3.17	375.61	97.81	358.60	93.38
	2014	1272.30	24.16	1207.22	94.88	6.75	0.53	383.18	3.15	375.84	98.08	356.84	93.13
苏北	2012	2973.40	57.98	2948.40	99.16	20.40	0.69	619.90	4.76	585.10	94.39	580.70	93.68
	2013	3034.50	57.90	2935.34	96.73	19.41	0.64	617.06	4.76	605.92	98.19	569.57	92.30
	2014	3062.60	58.16	2947.49	96.24	21.70	0.71	612.85	4.81	604.95	98.71	552.80	90.20

资料来源：江苏省农村集体财务、资产与农经统计年报资料汇编（2012~2014）

a.指各地区集体所有的耕地面积占全省集体所有耕地面积的比重。b.指各地区家庭承包经营耕地面积或机动地面积占对应地区集体所有耕地面积的比重。c.之所以出现三大区域土地承包经营权证颁发数量及颁发率均呈下降趋势，与表 2-1 中全省土地承包经营权证颁发情况呈增长趋势不符的结果，是因为资料汇编中三大区域数据加总后与全省数据不等，此处仅按照原数据进行汇总，下文数据处理类同。d.之所以出现比重超过 100%的情况，是因为资料汇编中苏州的家庭承包经营耕地面积为 223.80 万亩，而集体所有的耕地面积为 154.20 万亩，使得苏南汇总后占比超过 100%，此处仅按照原数据进行汇总

2012~2014 年，三大区域农村土地承包情况也基本保持稳定（表 2-2）。具体来看，三大区域家庭承包经营的耕地面积占集体所有耕地总面积比例均

逐年下降，苏南、苏中和苏北分别下降了6.09%、2.84%和2.92%；机动地面积和户均承包经营耕地面积变化幅度均较小；苏南和苏中家庭承包合同签订率基本保持不变，但苏北逐年提高，且近两年苏南家庭承包合同签订率略低于苏中和苏北；三大区域土地承包经营权证书颁发率变化较小，土地承包规范程度整体较高。

2. 农村土地承包经营权流转发展趋势

（1）农村土地承包经营权流转总体发展趋势

2012~2014年，江苏省家庭承包耕地流转面积和比重持续增加。耕地流转面积由2012年的2461.80万亩增加到2014年的2959.76万亩；耕地流转面积占家庭承包耕地面积的比重从2012年的48.23%增长到2014年的58.42%。与此同时，流转出承包耕地的农户数量和比重总体也呈现上升的趋势。流转出承包耕地的农户数由2012年的522.50万户增加到2014年的588.21万户，流转出承包耕地的农户数占家庭承包经营农户总数的比重从2012年的40.55%增至2014年的46.28%（表2-3）。

表2-3　2012~2014年江苏省土地承包经营权流转总体情况

年份	家庭承包经营的耕地面积/万亩	家庭承包耕地流转		家庭承包经营的农户数/万户	流转出承包耕地的农户	
		面积/万亩	比例/%		户数/万户	比重/%
2012	5104.10	2461.80	48.23	1288.40	522.50	40.55
2013	5077.67	2892.20	56.96	1279.96	590.65	46.15
2014	5065.97	2959.76	58.42	1270.86	588.21	46.28

资料来源：江苏省农村集体财务、资产与农经统计年报资料汇编（2012~2014）

如表2-4所示，2012~2014年苏南、苏中和苏北家庭承包耕地流转面积及其比例呈现逐年增长的趋势，但三大区域家庭承包耕地流转比例的年均增长率存在较大差异，分别为7.71%、15.19%和10.58%，表明苏中家庭承包耕地流转比例的增长快于苏北和苏南。三大区域流转出承包耕地的农户数量和比重除苏北在2014年略有下降外，苏南和苏中均在逐年增加。

表 2-4 2012~2014 年江苏省三大区域土地承包经营权流转总体情况

区域	年份	家庭承包经营的土地面积/万亩	家庭承包耕地流转			家庭承包经营的农户数/万户	流转出承包耕地的农户	
			面积/万亩	比例/%	增长率/%		户数/万户	比重/%
苏南	2012	934.30	604.90	64.74		283.90	165.20	58.19
	2013	925.71	652.48	70.48	7.71	278.89	173.98	62.38
	2014	904.83	679.66	75.11		273.78	178.36	65.15
苏中	2012	1221.40	478.70	39.19		384.60	148.80	38.69
	2013	1216.60	597.82	49.14	15.19	384.01	175.74	45.76
	2014	1207.22	627.77	52.00		383.18	179.42	46.82
苏北	2012	2948.40	1378.30	46.75		619.90	208.50	33.63
	2013	2935.35	1641.89	55.94	10.58	617.06	240.92	39.04
	2014	2947.49	1684.95	57.17		612.85	236.09	38.52

资料来源：江苏省农村集体财务、资产与农经统计年报资料汇编（2012~2014）

（2）家庭承包耕地流转形式发展趋势

2012~2014 年，江苏省家庭承包耕地流转形式都是以出租、转包和股份合作社流转为主。其中通过出租形式流转的面积占比有所增加，由 2012 年的 35.15%增加到 2014 年的 37.24%；通过转包形式流转的面积占比略有上升，由 2012 年的 31.52%上升到 2014 年的 31.83%；通过股份合作社流转的面积占比则略有下降，由 2012 年的 22.68%下降到 2014 年的 22.18%。2012~2014 年，转让、互换和其他形式流转的家庭承包耕地面积所占比例均较小，且变化不大（图 2-1，表 2-5）。

2012~2014 年，苏南、苏中、苏北家庭承包耕地都以转包、出租和股份合作社流转为主。苏南和苏北家庭承包耕地主要流转形式随时间变化不大，其中苏南三种主要流转形式的排序依次为股份合作社流转（略大于 40%）、出租（35%左右）、转包（约 16%）；苏北三种主要流转形式的排序依次为转包（44%左右）、出租（接近 40%）、股份合作社流转（8%左右）。苏中的三种主要流转形式则由 2012 年的股份合作社流转（41.56%）、出租（29.54%）、转包（16.21%）转变为 2014 年的出租（41.67%）、股份合作社流转（31.73%）、转包（16.94%）。此外，转让、互换及其他形式流转的家庭承包耕地面积所占比例在三大区域没有明显变化（表 2-5）。

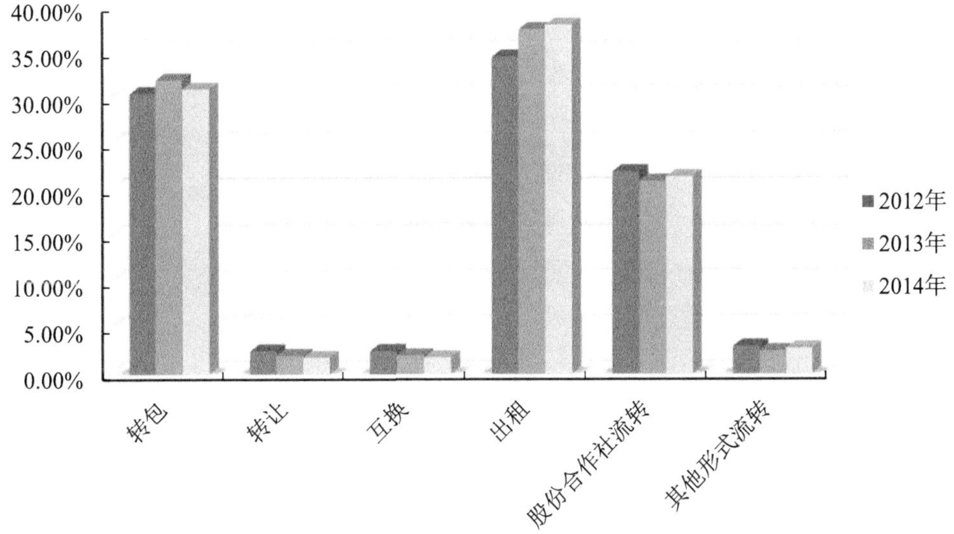

图 2-1　2012~2014 年江苏省家庭承包耕地不同形式流转面积的比例
资料来源：《江苏省农村集体财务、资产与农经统计年报资料汇编》（2012~2014）

表 2-5　2012~2014 年江苏省三大区域家庭承包耕地不同形式流转面积及比重

区域	年份	家庭承包耕地流转总面积/万亩	转包		转让		互换	
			面积/万亩	占比/%	面积/万亩	占比/%	面积/万亩	占比/%
苏南	2012	604.90	100.50	16.61	11.90	1.97	2.50	0.41
	2013	652.48	104.48	16.01	8.27	1.27	2.52	0.39
	2014	679.66	102.39	15.07	9.42	1.39	2.92	0.43
苏中	2012	478.70	77.60	16.21	23.70	4.95	17.60	3.68
	2013	597.83	98.95	16.55	26.12	4.37	23.13	3.87
	2014	627.77	106.36	16.94	25.58	4.07	21.67	3.45
苏北	2012	1378.30	597.70	43.37	45.20	3.28	62.10	4.51
	2013	1641.89	724.35	44.12	41.88	2.55	60.63	3.69
	2014	1684.95	737.44	43.77	33.04	1.96	55.54	3.30
全省	2012	2461.80	775.90	31.52	80.60	3.27	82.30	3.34
	2013	2892.20	927.77	32.08	76.26	2.64	86.28	2.98
	2014	2959.76	941.99	31.83	67.71	2.29	80.05	2.70

续表

区域	年份	家庭承包耕地流转总面积/万亩	出租		股份合作社流转		其他形式流转	
			面积/万亩	占比/%	面积/万亩	占比/%	面积/万亩	占比/%
苏南	2012	604.90	199.50	32.98	247.10	40.85	43.20	7.14
	2013	652.48	217.81	33.38	266.01	40.77	53.39	8.18
	2014	679.66	243.15	35.77	279.35	41.10	42.43	6.24
苏中	2012	478.70	141.40	29.54	198.94	41.56	19.60	4.09
	2013	597.83	199.78	33.41	233.25	39.02	16.61	2.78
	2014	627.77	261.60	41.67	199.22	31.73	13.34	2.13
苏北	2012	1378.30	524.30	38.04	112.30	8.15	36.60	2.66
	2013	1641.89	652.88	39.76	130.88	7.97	31.29	1.91
	2014	1684.95	666.44	39.55	132.81	7.88	59.68	3.54
全省	2012	2461.80	865.20	35.15	558.40	22.68	99.50	4.04
	2013	2892.20	1070.46	37.01	630.14	21.79	101.29	3.50
	2014	2959.76	1102.32	37.24	656.52	22.18	111.19	3.76

资料来源：江苏省农村集体财务、资产与农经统计年报资料汇编（2012~2014）

（3）家庭承包耕地流转去向发展趋势

2012~2014 年，江苏省家庭承包耕地主要流向农户和专业合作社，且年度之间全省家庭承包耕地各种流转去向所占比重变化不大。其中，流转入农户和专业合作社的比重之和稳定在 75%左右，流转入企业以及其他主体的比重也很稳定，分别约为 9%和 16%（表 2-6）。

表 2-6　2012~2014 年江苏省家庭承包耕地流转去向

年份	家庭承包耕地流转总面积/万亩	流转入农户		流转入专业合作社		流转入企业		流转入其他主体	
		面积/万亩	比重/%	面积/万亩	比重/%	面积/万亩	比重/%	面积/万亩	比重/%
2012	2461.80	1107.20	44.98	722.40	29.34	218.60	8.88	413.70	16.80
2013	2892.20	1297.14	44.85	861.86	29.80	268.27	9.28	464.93	16.08
2014	2959.76	1347.76	45.54	879.28	29.71	265.57	8.97	467.15	15.78

资料来源：江苏省农村集体财务、资产与农经统计年报资料汇编（2012~2014）

如表 2-7 所示，2012~2014 年，江苏省三大区域家庭承包耕地也都以流向农户和专业合作社为主，年度之间各种流转去向所占比重变化也不大。苏南和苏中流转入专业合作社的面积占比（超过 40%）大于流转入农户的面积占比（30%左右）；与此相反，苏北流转入农户的面积占比（超过 55%）远大于流转入专业合作社的面积占比（不到 20%）。此外，流转入企业及其他主体的面积占比在三大区域也基本保持稳定。

表 2-7　2012~2014 年江苏省三大区域家庭承包耕地流转去向

区域	年份	家庭承包耕地流转总面积/万亩	流转入农户		流转入专业合作社		流转入企业		流转入其他主体	
			面积/万亩	比重/%	面积/万亩	比重/%	面积/万亩	比重/%	面积/万亩	比重/%
苏南	2012	604.90	162.80	26.91	250.50	41.41	54.20	8.96	136.30	22.53
	2013	652.48	175.06	26.83	274.81	42.12	64.09	9.82	138.51	21.23
	2014	679.66	177.56	26.13	286.70	42.18	74.05	10.90	141.34	20.80
苏中	2012	478.70	154.90	32.36	215.80	45.08	34.70	7.25	75.00	15.67
	2013	597.83	193.23	32.32	266.48	44.58	44.36	7.42	93.75	15.68
	2014	627.77	202.90	32.32	257.88	41.08	44.15	7.03	122.84	19.57
苏北	2012	1378.30	782.90	56.80	251.70	18.26	128.30	9.31	199.90	14.50
	2013	1641.89	928.85	56.57	320.57	19.53	159.81	9.73	232.66	14.17
	2014	1684.95	971.71	57.67	320.45	19.02	153.87	9.13	238.93	14.18

资料来源：江苏省农村集体财务、资产与农经统计年报资料汇编（2012~2014）

（4）家庭承包耕地流转其他情况发展趋势

2012~2014 年，江苏省家庭承包耕地流转“非粮化”现象得到一定程度的缓解，家庭承包耕地流转用于种植粮食作物的面积从 991.30 万亩增加到 1304.91 万亩，占流转总面积的比重也由 40.27%增加为 44.09%。与此同时，2012~2014 年江苏省签订耕地流转合同的份数和面积均有所增加，但值得注意的是，签订流转合同的面积占比有所下降（由 2012 年的 80.57%降至 2014 年的 75.47%），表明新增流转耕地签订正式流转合同的比重较之前平均水平低（表 2-8）。

表 2-8　2012~2014 年江苏省家庭承包耕地流转其他情况

年份	家庭承包耕地流转总面积/万亩	流转用于种植粮食作物		签订耕地流转合同份数/万份	签订流转合同	
		面积/万亩	占比/%		面积/万亩	签订率/%
2012	2461.80	991.30	40.27	463.40	1983.40	80.57
2013	2892.20	1223.13	42.29	515.97	2202.92	76.17
2014	2959.76	1304.91	44.09	516.01	2233.75	75.47

资料来源：江苏省农村集体财务、资产与农经统计年报资料汇编（2012~2014）

2012~2014 年，苏南家庭承包耕地流转用于种植粮食作物的面积从 197.00 万亩增加到 217.12 万亩，但流转用于种植粮食作物的面积占比略有下降，从 32.57%下降到 31.95%；而苏中和苏北家庭承包耕地流转用于种植粮食作物的面积及占比均逐年增加，表明苏中和苏北家庭承包耕地流转“非粮化”现象逐步改善。与全省一致，2012~2014 年，三大区域签订耕地流转合同的份数和面积均有所增加，但签订流转合同的面积占比均有所下降，苏南、苏中和苏北分别下降了 6.48%、2.73%和 4.87%（表 2-9）。

表 2-9　2012~2014 年江苏省三大区域家庭承包耕地流转其他情况

区域	年份	家庭承包耕地流转总面积/万亩	流转用于种植粮食作物		签订耕地流转合同份数/万份	签订流转合同	
			面积/万亩	占比/%		面积/万亩	签订率/%
苏南	2012	604.90	197.00	32.57	133.30	531.80	87.92
	2013	652.48	218.26	33.45	142.22	549.37	84.20
	2014	679.66	217.12	31.95	147.09	553.53	81.44
苏中	2012	478.70	194.30	40.59	133.10	408.40	85.31
	2013	597.83	250.92	41.97	154.80	489.83	81.94
	2014	627.77	288.44	45.95	160.81	518.40	82.58
苏北	2012	1378.30	600.20	43.55	196.90	1043.40	75.70
	2013	1641.89	753.95	45.92	218.94	1163.77	70.88
	2014	1684.95	805.21	47.79	221.41	1193.38	70.83

资料来源：江苏省农村集体财务、资产与农经统计年报资料汇编（2012~2014）

3. 农村土地承包及流转纠纷发展趋势

2012~2014 年，江苏省农村土地承包及流转纠纷绝对量和相对量都有所增加。绝对量来看，土地承包纠纷数从 2012 年的 5568 件增加到 2014 年的 7948 件，土地流转纠纷数从 2012 年的 4976 件增加到 2014 年的 6850 件；相对量来看，单位承包面积纠纷数从 2012 年的 1.09 件/万亩增加到 2014 年的 1.57 件/万亩，单位土地流转纠纷数从 2012 年的 2.02 件/万亩增加到 2014 年的 2.31 件/万亩（表 2-10）。

表 2-10　2012~2014 年江苏省农村土地承包及流转纠纷情况

年份	土地承包纠纷数/件	家庭承包经营的土地面积/万亩	单位承包面积的纠纷数/（件/万亩）	土地流转纠纷数/件	家庭承包耕地流转总面积/万亩	单位流转面积的纠纷数/（件/万亩）
2012	5568	5104.10	1.09	4976	2461.80	2.02
2013	6387	5077.67	1.26	6255	2892.20	2.16
2014	7948	5065.97	1.57	6850	2959.76	2.31

资料来源：江苏省农村集体财务、资产与农经统计年报资料汇编（2012~2014）

2012~2014 年，三大区域农村土地承包及流转纠纷绝对数量都有所增加。相对而言，单位承包面积纠纷数苏南、苏中和苏北均有所增加；单位流转面积纠纷数苏南和苏中波动增长，而苏北略有减少（表 2-11）。

表 2-11　2012~2014 年江苏省三大区域农村土地承包及流转纠纷情况

区域	年份	土地承包纠纷数/件	家庭承包经营的土地面积/万亩	单位承包面积的纠纷数/（件/万亩）	土地流转纠纷数/件	家庭承包耕地流转总面积/万亩	单位流转面积的纠纷数/（件/万亩）
苏南	2012	1785	934.30	1.91	1926	604.90	3.18
	2013	1450	925.71	1.57	1937	652.48	2.97
	2014	2326	904.83	2.57	2455	679.66	3.61
苏中	2012	1489	1221.40	1.22	1243	478.70	2.60
	2013	2732	1216.60	2.25	2328	597.83	3.89
	2014	3137	1207.22	2.60	2353	627.77	3.75
苏北	2012	2303	2948.40	0.78	1807	1378.30	1.31
	2013	2205	2935.34	0.75	1990	1641.89	1.21
	2014	2568	2947.49	0.87	2088	1684.95	1.24

资料来源：江苏省农村集体财务、资产与农经统计年报资料汇编（2012~2014）

三、农村土地承包及流转发展现状

1. 农村土地承包及其确权发展概况

（1）农村土地承包发展概况

2014 年，江苏省家庭承包经营的耕地面积为 5065.97 万亩，占集体所有耕地总面积的 96.19%；全省机动地面积为 37.08 万亩，占集体所有耕地总面积的 0.70%；家庭承包经营的农户数为 1270.86 万户，户均承包经营耕地面积为 3.99 亩/户；全省家庭承包合同总份数为 1245.35 万份，家庭承包合同签订率为 97.99%；颁发土地承包经营权证的数量为 1208.17 万份，土地承包经营权证书颁发率为 95.07%（表 2-1）。

2014 年，苏南、苏中和苏北集体所有的耕地面积占全省集体所有耕地总面积的比重分别为 17.68%、24.16%和 58.16%；三大区域家庭承包经营的耕地面积占各区域集体所有耕地面积的比重都超过 94.00%；机动地面积占各区域集体所有耕地面积的比重都较低，占比最高的苏南也仅为 1.34%；苏南和苏中户均承包经营耕地面积分别为 3.30 亩/户和 3.15 亩/户，均低于全省平均水平（3.99 亩/户），也明显低于苏北平均水平（4.81 亩/户），表明三大区域户均耕地资源禀赋存在明显差异。2014 年，苏南、苏中和苏北土地承包都比较规范，签订承包合同的家庭户数占家庭承包经营农户数的比重都超过了 94.00%，苏北承包合同签订率甚至高达 98.71%；土地承包经营权证颁发率都在 88.00%以上，苏中最高，达 93.13%，苏南最低，为 88.58%（表 2-2）。

（2）农村土地承包经营权确权登记颁证概况

为了贯彻落实党中央、国务院关于开展农村土地承包经营权确权登记颁证工作的决策部署，解决承包地块面积不准、四至不清、空间位置不明、登记簿不健全等问题，江苏省委农村工作领导小组于 2014 年 5 月 16 日印发了《关于推进全省农村土地承包经营权确权登记颁证试点工作的通知》，选择高淳、惠山、铜山、沛县、金坛、昆山、海门、东海、灌云、金湖、东台、高邮、江都、扬中、姜堰、泗洪16个县（市、区）整体推进试点，其余各县（市、区）选择1个乡镇开展试点。在各级党委政府、各涉农部门的共同努力下，截至2014年底，全省共4036个村开展了农村土地承包经营权确权登记颁证工作，涉及耕地面积1376.09万亩（江苏省农业委员会，2015）。截至2015年8月，全省500个乡镇、2000个村的试点工作基本结束，取得了初步成果。

2. 农村土地承包经营权流转发展概况

（1）农村土地承包经营权流转总体情况

2014年江苏省家庭承包耕地流转面积为2959.76万亩，耕地流转面积占家庭承包耕地面积的比重为58.42%。与此同时，2014年全省流转出承包耕地的农户数为588.21万户，转出农户占家庭承包经营农户数的比重为46.28%（表2-3）。

2014年三大区域家庭承包耕地流转面积占比苏南（75.11%）>苏北（57.17%）>苏中（52.00%）（表2-4）；而流转出承包耕地的农户数占比苏南（65.15%）>苏中（46.82%）>苏北（38.52%）（表2-4），这可能与三大区域户均耕地资源禀赋差异相关[表2-2，苏北（4.81亩/户）>苏南（3.30亩/户）>苏中（3.15亩/户）]。

（2）家庭承包耕地流转形式

2014年江苏省家庭承包耕地流转形式以转包、出租及股份合作社形式流转为主，其中转包占比31.83%，出租占比37.24%，股份合作社形式流转占比22.18%。转让、互换和其他形式流转的家庭承包耕地面积所占比例均较小（图2-1，表2-5）。

2014年，三大区域家庭承包耕地也以转包、出租及股份合作社流转为主。苏南和苏中以股份合作社和出租两种形式流转的耕地面积占比之和分别达76.87%和73.40%；而苏北转包和出租的耕地面积比重之和达83.32%。具体地，苏南新型股份合作社流转形式（41.10%）占据主导地位；苏中传统出租流转形式（41.67%）占主导地位，但新型股份合作社流转形式（31.73%）已经有了一定程度的发展；而苏北传统转包和出租流转形式依然占主导地位（分别为 43.77%和 39.55%）。此外，三大区域以转让、互换及其他形式流转的家庭承包耕地面积所占比例差异不大（表 2-5）。

（3）家庭承包耕地流转去向

2014 年，江苏省家庭承包耕地以流向农户和专业合作社为主。流转入农户、专业合作社、企业以及其他主体的面积分别为 1347.76 万亩、879.28 万亩、265.57 万亩和 467.15 万亩，各流转去向占耕地流转总面积的比例分别为 45.54%、29.71%、8.97%和 15.78%（表 2-6）。

2014 年，三大区域家庭承包耕地也主要流向农户和专业合作社，但不同地区耕地主导流转去向存在差异。苏北流转入农户的耕地面积占比为 57.67%，表明农户仍然是苏北最重要的耕地转入主体；苏南和苏中流转入专业合作社的耕地面积占比最高，分别为 42.18%和 41.08%，表明苏南和苏中承包耕地向新型规模经营主体流转的趋势明显。此外，三大区域流转入企业及其他主体的面积占比差异不大（表 2-7）。

（4）家庭承包耕地流转其他情况

2014 年，江苏省家庭承包耕地流转用于种植粮食作物的面积为 1304.91 万亩，占流转总面积的比重为 44.09%；全省签订耕地流转合同的份数为 516.01 万份，签订耕地流转合同的面积为 2233.75 万亩，签订耕地流转合同的面积占比为 75.47%（表 2-8）。

2014 年三大区域家庭承包耕地流转用于种植粮食作物的面积占比存在较大差异，呈现苏北（47.79%）>苏中（45.95%）>苏南（31.95%）的特征。苏中和苏南签订耕地流转合同的面积占比较高（分别为 82.58%和 81.44%），苏北较低（70.83%），表明苏中和苏南家庭承包耕地流转规范程度更高（表 2-9）。

3. 农村土地承包及流转纠纷情况

2014 年，江苏省土地承包纠纷数为 7948 件，单位承包面积纠纷数为 1.57 件/万亩；土地流转纠纷数为 6850 件，单位流转面积纠纷数为 2.31 件/万亩（表2-10）。

2014 年，三大区域农村土地承包纠纷数量苏中（3137 件）>苏北（2568 件）>苏南（2326 件），但考虑到土地资源禀赋的差异后，单位承包面积纠纷数量苏中（2.60 件/万亩）>苏南（2.57 件/万亩）>苏北（0.87 件/万亩）；三大区域土地流转纠纷数量苏南（2455 件）>苏中（2353 件）>苏北（2088 件），但考虑了流转面积的差异后，单位流转面积纠纷数量苏中（3.75 件/万亩）>苏南（3.61 件/万亩）>苏北（1.24 件/万亩）（表 2-11）。

四、农村土地承包及流转区域比较

1. 江苏农村土地承包及流转与全国的比较

（1）农村土地承包

2013 年底，江苏省户均承包经营耕地面积 3.97 亩/户，明显低于全国平均水平 5.77 亩/户。江苏省家庭承包合同签订率为 97.28%，略高于全国平均水平（96.71%）；土地承包经营权证颁发率为 94.34%，也高于全国平均水平（90.13%）（表 2-12）。

表 2-12　2013 年全国和江苏农村土地承包情况

区域	家庭承包经营的耕地面积/万亩	机动地/万亩	家庭承包经营的农户数/万户	户均承包经营耕地面积/（亩/户）	家庭承包合同		颁发土地承包经营权证	
					数量/万份	合同签订率/%	数量/万份	颁发率/%
全国	132 709	2579	23 009	5.77	22 251	96.71	20 738	90.13
江苏	5 078	37	1 280	3.97	1 245	97.28	1 207	94.34

资料来源：中国农业发展报告（2014）；江苏省农村集体财务、资产与农经统计年报资料汇编（2013）

（2）农村土地承包经营权流转

土地承包经营权流转总体情况。由表 2-13 可知，截至 2013 年底，江苏省家庭承包耕地流转面积占家庭承包经营耕地总面积的比重为 56.96%，远高于全国平均水平（25.70%）。相应地，江苏省流转出承包耕地的农户数占家庭承包经营农户总数的比重为 46.15%，也明显高于全国平均水平（22.86%）。

表 2-13　2013 年全国和江苏土地承包经营权流转总体情况

区域	家庭承包经营的耕地面积/万亩	家庭承包耕地流转		家庭承包经营的农户数/万户	流转出承包耕地的农户	
		面积/万亩	比例/%		户数/万户	比重/%
全国	132 709	34 102	25.70	23 009	5 261	22.86
江苏	5 078	2 892	56.96	1 280	591	46.15

资料来源：中国农业发展报告（2014）；江苏省农村集体财务、资产与农经统计年报资料汇编（2013）

家庭承包耕地流转去向。2013 年，江苏省家庭承包耕地流转入农户的比重为 44.85%，显著低于全国平均水平（60.29%）；与此相反，江苏省家庭承包耕地流转入专业合作社的比重为 29.80%，明显高于全国平均水平（20.36%）。这说明全国耕地流转仍然以传统小农户流入为主，而江苏省专业合作社发展迅速（表 2-14）。

表 2-14　2013 年全国和江苏家庭承包耕地流转去向

区域	家庭承包耕地流转总面积/万亩	流转入农户		流转入专业合作社		流转入企业		流转入其他主体	
		面积/万亩	比重/%	面积/万亩	比重/%	面积/万亩	比重/%	面积/万亩	比重/%
全国	34 102	20 559	60.29	6 944	20.36	3 220	9.44	3 378	9.91
江苏	2 892	1 297	44.85	862	29.80	268	9.28	465	16.08

资料来源：中国农业发展报告（2014）；江苏省农村集体财务、资产与农经统计年报资料汇编（2013）

家庭承包耕地流转其他情况。如表 2-15 所示，江苏省家庭承包耕地流转用于种植粮食作物的面积占比为 42.29%，明显低于全国平均水平（56.52%），表明江苏省耕地流转“非粮化”现象较为突出。此外，江苏省家庭承包耕地流转合同签订率为 76.17%，显著高于全国平均水平（65.94%），表明江苏省家庭承包耕地流转规范程度更高。

表 2-15　2013 年全国和江苏家庭承包耕地流转其他情况

区域	家庭承包耕地流转总面积/万亩	流转用于种植粮食作物		签订耕地流转合同份数/万份	签订流转合同	
		面积/万亩	占比/%		面积/万亩	签订率/%
全国	34 102	19 275	56.52	3 756	22 487	65.94
江苏	2 892	1 223	42.29	516	2 203	76.17

资料来源：中国农业发展报告（2014）；江苏省农村集体财务、资产与农经统计年报资料汇编（2013）

2. 苏南各市农村土地承包及流转比较

（1）农村土地承包

如表 2-16 所示，2014 年南京、无锡、常州、苏州和镇江市户均承包经营耕地面积分别为 4.15、2.68、3.12、3.16 和 3.28 亩/户。除南京外，其他四市均低于苏南平均水平（3.30 亩/户），也明显低于全省平均水平（3.99 亩/户），表明苏南各市户均耕地资源禀赋普遍较少。

表 2-16　2014 年苏南各市农村土地承包情况

城市	集体所有的耕地总面积/万亩	家庭承包经营的耕地		机动地		家庭承包经营的农户数/万户	户均承包经营耕地面积/（亩/户）	家庭承包合同		颁发土地承包经营权证	
		面积/万亩	占比/%	面积/万亩	占比/%			数量/万份	合同签订率/%	数量/万份	颁发率/%
南京	259.40	243.21	93.76	0.75	0.29	58.58	4.15	58.36	99.62	53.81	91.86
无锡	147.80	120.99	81.86	7.84	5.30	45.16	2.68	42.98	95.17	38.46	85.16
常州	174.10	167.72	96.34	0.41	0.24	53.78	3.12	51.86	96.43	47.13	87.63
苏州	184.30	216.13	117.27[a]	1.97	1.07	68.44	3.16	64.89	94.81	65.93	96.33
镇江	165.70	156.78	94.62	1.50	0.91	47.81	3.28	41.45	86.70	37.17	77.75

资料来源：江苏省农村集体财务、资产与农经统计年报资料汇编（2014）

a.按照资料汇编中原数据计算的结果

（2）农村土地承包经营权流转

土地承包经营权流转总体情况。由表 2-17 可以看出，2014 年苏南各市家庭承包耕地流转比例都较高，比例最高的苏州达 89.95%，比例最低的无锡也有 58.03%。相应地，苏州流转出承包耕地的农户数占比也最高，达 86.06%。值得注意的是，可能由于无锡户均耕地资源禀赋（2.68 亩/户）较苏南其他四市小（表 2-16），尽管其耕地流转比例最低，但是流转出承包耕地的农户数占比排在苏南第二，为 64.13%。镇江流转出承包耕地的农户数比重最低，为 49.45%。

表 2-17　2014 年苏南各市土地承包经营权流转总体情况

城市	家庭承包经营的耕地面积/万亩	家庭承包耕地流转		家庭承包经营的农户数/万户	流转出承包耕地的农户	
		面积/万亩	比例/%		户数/万户	比重/%
南京	243.21	206.17	84.77	58.58	36.05	61.54
无锡	120.99	70.21	58.03	45.16	28.96	64.13
常州	167.72	117.63	70.14	53.78	30.81	57.29
苏州	216.13	194.41	89.95	68.44	58.90	86.06
镇江	156.78	91.23	58.19	47.81	23.64	49.45

资料来源：江苏省农村集体财务、资产与农经统计年报资料汇编（2014）

家庭承包耕地流转形式。苏南五市家庭承包耕地流转以转包、出租和股份合作社流转为主，但是城市之间存在差异。南京最主要的流转形式是出租（44.69%）和股份合作社流转（40.37%）；无锡主要采用出租（54.42%）、股份合作社（16.61%）和转包（14.10%）三种形式；常州以出租（41.40%）、股份合作社流转（27.56%）和转包（26.03%）为主；苏州占绝对主导地位的流转形式是股份合作社流转（71.82%）；镇江则以出租（62.37%）和转包（19.03%）形式为主。从具体流转形式来看，转包形式常州最高（26.03%），南京最低（10.54%）；出租形式差异较大，苏州最低，仅为 3.70%，其余四市均超过 40.00%；股份合作社流转也呈现出明显的区域差异，苏州最高（71.82%），比最低的镇江（13.63%）高出 58.19 个百分点（表 2-18）。

表 2-18　2014 年苏南各市家庭承包耕地不同形式流转面积及比例

区域	家庭承包耕地流转总面积/万亩	转包		转让		互换	
		面积/万亩	占比/%	面积/万亩	占比/%	面积/万亩	占比/%
南京	206.17	21.73	10.54	2.52	1.22	1.56	0.76
无锡	70.21	9.90	14.10	0.85	1.22	0.16	0.23
常州	117.63	30.62	26.03	3.37	2.86	0.15	0.13
苏州	194.41	22.79	11.72	1.46	0.75	0.66	0.34
镇江	91.23	17.36	19.03	1.22	1.34	0.38	0.42
苏南	679.66	102.39	15.07	9.42	1.39	2.92	0.43
全省	2959.76	941.99	31.83	67.71	2.29	80.05	2.70

区域	家庭承包耕地流转总面积/万亩	出租		股份合作社流转		其他形式流转	
		面积/万亩	占比/%	面积/万亩	占比/%	面积/万亩	占比/%
南京	206.17	92.13	44.69	83.23	40.37	5.01	2.43
无锡	70.21	38.21	54.42	11.66	16.61	9.42	13.42
常州	117.63	48.70	41.40	32.42	27.56	2.37	2.02
苏州	194.41	7.20	3.70	139.62	71.82	22.69	11.67
镇江	91.23	56.90	62.37	12.44	13.63	2.93	3.21
苏南	679.66	243.15	35.77	279.35	41.10	42.43	6.24
全省	2959.76	1102.32	37.24	656.52	22.18	111.19	3.76

资料来源：江苏省农村集体财务、资产与农经统计年报资料汇编（2014）

家庭承包耕地流转去向。2014 年苏南五市流转入农户的面积比例仅有常州（52.26%）超过 50%，表明常州耕地流转去向仍以传统小农户为主。流转入专业合作社的面积比例苏州最高（70.96%），这与其股份合作社流转形式占主导的状况一致（表 2-18）；其他四市流转入专业合作社的面积占比也较高，表明苏南各市专业合作社都有所发展（表 2-19）。

表 2-19　2014 年苏南各市家庭承包耕地流转去向

城市	家庭承包耕地流转总面积/万亩	流转入农户		流转入专业合作社		流转入企业		流转入其他主体	
		面积/万亩	比重/%	面积/万亩	比重/%	面积/万亩	比重/%	面积/万亩	比重/%
南京	206.17	46.16	22.39	87.60	42.49	28.31	13.73	44.10	21.39
无锡	70.21	12.65	18.02	12.56	17.89	11.76	16.75	33.24	47.34
常州	117.63	61.48	52.26	29.71	25.26	9.02	7.67	17.42	14.81
苏州	194.41	27.28	14.03	137.95	70.96	3.50	1.80	25.68	13.21
镇江	91.23	29.99	32.87	18.89	20.70	21.45	23.51	20.91	22.92

资料来源：江苏省农村集体财务、资产与农经统计年报资料汇编（2014）

家庭承包耕地流转其他情况。如表 2-20 所示，2014 年苏南各市家庭承包耕地流转用于种植粮食作物的面积占比存在较大差异，从大到小依次是苏州（48.24%）>镇江（35.63%）>常州（35.18%）>无锡（19.01%）>南京（17.50%）。苏州家庭承包耕地流转合同签订率最高（95.05%），其余四市均在 75%左右，表明苏州家庭承包耕地流转规范程度明显更高。

表 2-20　2014 年苏南各市家庭承包耕地流转其他情况

城市	家庭承包耕地流转总面积/万亩	流转用于种植粮食作物		签订耕地流转合同份数/万份	签订流转合同	
		面积/万亩	占比/%		面积/万亩	签订率/%
南京	206.17	36.09	17.50	27.00	155.49	75.42
无锡	70.21	13.35	19.01	26.42	55.40	78.91
常州	117.63	41.38	35.18	22.43	87.80	74.64
苏州	194.41	93.79	48.24	56.12	184.79	95.05
镇江	91.23	32.51	35.63	15.12	70.04	76.77

资料来源：江苏省农村集体财务、资产与农经统计年报资料汇编（2014）

（3）农村土地承包及流转纠纷

如 2-21 所示，2014 年苏南各市单位承包面积纠纷数最高的是常州，为 4.86 件/万亩，最低的是苏州，为 1.20 件/万亩；单位流转面积纠纷数最高的也是常州，为 9.70 件/万亩，最低的也是苏州，为 1.47 件/万亩。这可能与苏州家庭承包耕地流转合同签订率（95.05%）最高（表 2-20）、常州耕地主要流向传统小农户（52.26%）相关（表 2-19）。

表 2-21　2014 年苏南各市农村土地承包及流转纠纷情况

城市	耕地承包纠纷数/件	家庭承包经营的耕地面积/万亩	单位承包面积的纠纷数/（件/万亩）	耕地流转纠纷数/件	家庭承包耕地流转总面积/万亩	单位流转面积的纠纷数/（件/万亩）
南京	418	243.21	1.72	456	206.17	2.21
无锡	435	120.99	3.60	164	70.21	2.34
常州	815	167.72	4.86	1141	117.63	9.70
苏州	260	216.13	1.20	285	194.41	1.47
镇江	398	156.78	2.54	409	91.23	4.48

资料来源：江苏省农村集体财务、资产与农经统计年报资料汇编（2014）

3. 苏中各市农村土地承包及流转比较

（1）农村土地承包

表 2-22 呈现了 2014 年苏中三市农村土地承包情况。南通、扬州和泰州市的户均承包经营耕地面积分别为 2.79、4.04 和 3.15 亩/户。其中，扬州户均承包经营耕地面积不仅高于苏中平均水平（3.15 亩/户），还高于全省平均水平（3.99 亩/户），表明扬州户均耕地资源禀赋较多。

表 2-22　2014 年苏中各市农村土地承包情况

城市	集体所有的耕地总面积/万亩	家庭承包经营的耕地		机动地		家庭承包经营的农户数/万户	户均承包经营耕地面积/（亩/户）	家庭承包合同		颁发土地承包经营权证	
		面积/万亩	占比/%	面积/万亩	占比/%			数量/万份	合同签订率/%	数量/万份	颁发率/%
南通	569.30	547.60	96.19	0.56	0.10	196.22	2.79	193.21	98.47	188.78	96.21
扬州	339.60	320.17	94.28	2.58	0.76	79.21	4.04	77.68	98.07	75.11	94.82
泰州	363.40	339.45	93.41	3.61	0.99	107.75	3.15	104.94	97.39	92.95	86.27

资料来源：江苏省农村集体财务、资产与农经统计年报资料汇编（2014）

（2）农村土地承包经营权流转

土地承包经营权流转总体情况。由表 2-23 可以看出，家庭承包耕地流转面积比例最高的是扬州，为 59.41%，最低的是南通，为 48.34%。苏中三市流转出承包耕地的农户比重差异较小，在 45%~50%之间。

表 2-23　2014 年苏中各市土地承包经营权流转总体情况

城市	家庭承包经营的耕地面积/万亩	家庭承包耕地流转		家庭承包经营的农户数/万户	流转出承包耕地的农户	
		面积/万亩	比例/%		户数/万户	比重/%
南通	547.60	264.73	48.34	196.22	91.20	46.48
扬州	320.17	190.21	59.41	79.21	35.93	45.36
泰州	339.45	172.82	50.91	107.75	52.29	48.53

资料来源：江苏省农村集体财务、资产与农经统计年报资料汇编（2014）

家庭承包耕地流转形式。从总体上来看，2014 年苏中三市家庭承包耕地都以转包、出租和股份合作社流转为主，但不同城市主要流转形式存在差异。南通主要流转形式依次为出租（44.17%）、股份合作社流转（20.03%）和转包（17.68%）；扬州股份合作社流转占绝对主导（60.61%），这与扬州土地股份合作社发展较好有关；而泰州占绝对主导地位的流转形式是出租（65.67%）。从具体流转形式看，苏中三市出租和股份合作社流转形式差异最为显著，如泰州以出租形式流转的家庭承包耕地面积占比为 65.67%，而扬州仅为 16.39%，二者相差 49.28 个百分点；扬州以股份合作社形式流转的家庭承包耕地面积占比为 60.61%，而泰州仅为 17.89%，二者相差 42.72 个百分点（表 2-24）。

表 2-24　2014 年苏中各市家庭承包耕地不同形式流转面积及比例

区域	家庭承包耕地流转总面积/万亩	转包		转让		互换	
		面积/万亩	占比/%	面积/万亩	占比/%	面积/万亩	占比/%
南通	264.73	46.81	17.68	21.21	8.01	16.15	6.10
扬州	190.21	31.66	16.64	4.36	2.29	5.48	2.88
泰州	172.82	27.89	16.14	0.01	0.01	0.04	0.02
苏中	627.77	106.36	16.94	25.58	4.07	21.67	3.45
全省	2959.76	941.99	31.83	67.71	2.29	80.05	2.70

续表

区域	家庭承包耕地流转总面积/万亩	出租		股份合作社流转		其他形式流转	
		面积/万亩	占比/%	面积/万亩	占比/%	面积/万亩	占比/%
南通	264.73	116.93	44.17	53.03	20.03	10.61	4.01
扬州	190.21	31.17	16.39	115.28	60.61	2.26	1.19
泰州	172.82	113.50	65.67	30.91	17.89	0.48	0.28
苏中	627.77	261.60	41.67	199.22	31.73	13.34	2.13
全省	2959.76	1102.32	37.24	656.52	22.18	111.19	3.76

资料来源：江苏省农村集体财务、资产与农经统计年报资料汇编（2014）

家庭承包耕地流转去向。如表 2-25 所示，2014 年南通和泰州两市家庭承包耕地都以转向农户和专业合作社为主，其中泰州流转入农户的比重相对更高（46.48%），而南通流转入专业合作社的比重相对更高（36.82%）；扬州家庭承包耕地流转的主要去向是专业合作社（63.92%），这与该市股份合作社流转形式占绝对主导有关（表 2-24）。

表 2-25　2014 年江苏省苏中各市家庭承包耕地流转去向

城市	家庭承包耕地流转总面积/万亩	流转入农户		流转入专业合作社		流转入企业		流转入其他主体	
		面积/万亩	比重/%	面积/万亩	比重/%	面积/万亩	比重/%	面积/万亩	比重/%
南通	264.73	80.22	30.30	97.47	36.82	25.27	9.55	61.77	23.33
扬州	190.21	42.36	22.27	121.59	63.92	9.02	4.74	17.24	9.07
泰州	172.82	80.33	46.48	38.82	22.46	9.85	5.70	43.83	25.36

资料来源：江苏省农村集体财务、资产与农经统计年报资料汇编（2014）

家庭承包耕地流转其他情况。如表 2-26 所示，扬州家庭承包耕地流转用于种植粮食作物的面积占比最高，达 56.95%，这表明土地股份合作社的发展可能有助于减缓耕地流转“非粮化”的趋势。苏中各市家庭承包耕地流转合同签订率在 76%~90%之间，泰州签订率最高，为 89.56%，南通最低，为 76.98%。

表 2-26　2014 年江苏省苏中家庭承包耕地流转其他情况

城市	家庭承包耕地流转总面积/万亩	流转用于种植粮食作物		签订耕地流转合同份数/万份	签订流转合同	
		面积/万亩	占比/%		面积/万亩	签订率/%
南通	264.73	103.93	39.26	82.12	203.79	76.98
扬州	190.21	108.33	56.95	29.18	159.82	84.02
泰州	172.82	76.17	44.08	49.52	154.78	89.56

资料来源：江苏省农村集体财务、资产与农经统计年报资料汇编（2014）

（3）农村土地承包及流转纠纷

2014 年苏中各市单位承包面积纠纷数最多的是南通（3.49 件/万亩），最少的是扬州（1.37 件/万亩）；单位流转面积纠纷数最多的也是南通（5.93 件/万亩），最少的也是扬州（1.46 件/万亩）。这可能与扬州市主要以股份合作社流转为主有关，这种流转形式签订正式流转合同的可能性更高，从而减少了纠纷（表 2-27）。

表 2-27　2014 年苏中各市农村土地承包及流转纠纷情况

城市	耕地承包纠纷数/件	家庭承包经营的耕地面积/万亩	单位承包面积的纠纷数/（件/万亩）	耕地流转纠纷数/件	家庭承包耕地流转总面积/万亩	单位流转面积的纠纷数/（件/万亩）
南通	1911	547.60	3.49	1569	264.73	5.93
扬州	439	320.17	1.37	278	190.21	1.46
泰州	787	339.45	2.32	506	172.82	2.93

资料来源：江苏省农村集体财务、资产与农经统计年报资料汇编（2014）

4. 苏北各市农村土地承包及流转比较

（1）农村土地承包

2014 年苏北五市的农村土地承包情况见表 2-28，淮安、盐城、宿迁、徐州和连云港市户均承包经营耕地面积分别为 5.54、4.74、5.19、4.44 和 4.49 亩/户，均明显高于全省平均水平（3.99 亩/户），表明苏北各市户均耕地资源禀赋普遍较高。

表 2-28 2014 年苏北各市农村土地承包情况

城市	集体所有的耕地总面积/万亩	家庭承包经营的耕地		机动地		家庭承包经营的农户数/万户	户均承包经营耕地面积/（亩/户）	家庭承包合同		颁发土地承包经营权证	
		面积/万亩	占比/%	面积/万亩	占比/%			数量/万份	合同签订率/%	数量/万份	颁发率/%
淮安	510.00	500.35	98.11	4.34	0.85	90.26	5.54	85.04	94.22	74.98	83.07
盐城	905.80	825.94	91.18	7.62	0.84	174.39	4.74	168.76	96.77	155.05	88.91
宿迁	511.50	495.56	96.88	2.23	0.44	95.54	5.19	94.39	98.80	90.15	94.37
徐州	739.90	737.16	99.63	2.13	0.29	166.05	4.44	170.96	102.96[a]	152.73	91.98
连云港	395.40	388.48	98.25	5.39	1.36	86.61	4.49	85.79	99.05	79.89	92.24

资料来源：江苏省农村集体财务、资产与农经统计年报资料汇编（2014）

a. 之所以出现合同签订率超过 100%的情况，是因为徐州市家庭承包合同份数超过家庭承包经营的农户数，此处仅按照原数据进行汇总

（2）农村土地承包经营权流转

土地承包经营权流转总体情况。由表 2-29 可知，2014 年苏北各市家庭承包耕地流转面积比例差异较大，盐城最高，达 70.81%，徐州最低，为 44.43%。然而，流转出承包耕地的农户比重差异较小，在 34%~45%之间，盐城最高，为 43.74%，连云港最低，为 34.04%。

表 2-29 2014 年苏北各市土地承包经营权流转总体情况

城市	家庭承包经营的耕地面积/万亩	家庭承包耕地流转		家庭承包经营的农户数/万户	流转出承包耕地的农户	
		面积/万亩	比例/%		户数/万户	比重/%
淮安	500.35	275.52	55.07	90.26	30.95	34.29
盐城	825.94	584.87	70.81	174.39	76.28	43.74
宿迁	495.56	241.23	48.68	95.54	38.07	39.85
徐州	737.16	327.53	44.43	166.05	61.30	36.92
连云港	388.48	255.80	65.85	86.61	29.48	34.04

资料来源：江苏省农村集体财务、资产与农经统计年报资料汇编（2014）

家庭承包耕地流转形式。从总体来看，2014 年，苏北五市家庭承包耕地流转的主要形式是转包和出租，两者比例之和徐州最低，但也达 79.70%。从具体流转形式来看，转包形式盐城最高（49.25%），徐州最低（34.93%）；出

租形式连云港最高（47.49%），盐城最低（32.65%）；股份合作社流转形式在苏北各市占比仍然较低（10%左右）；其他几种流转形式比例也较低，且差异不大（表 2-30）。

表 2-30　2014 年苏北各市家庭承包耕地不同形式流转面积及比例

区域	家庭承包耕地流转总面积/万亩	转包		转让		互换	
		面积/万亩	占比/%	面积/万亩	占比/%	面积/万亩	占比/%
淮安	275.52	135.49	49.18	7.80	2.83	13.70	4.97
盐城	584.87	288.07	49.25	9.02	1.54	17.31	2.96
宿迁	241.23	91.95	38.11	6.61	2.74	5.04	2.09
徐州	327.53	114.41	34.93	6.07	1.85	16.63	5.08
连云港	255.80	107.52	42.03	3.55	1.39	2.86	1.12
苏北	1684.95	737.44	43.77	33.04	1.96	55.54	3.30
全省	2959.76	941.99	31.83	67.71	2.29	80.05	2.70

区域	家庭承包耕地流转总面积/万亩	出租		股份合作社流转		其他形式流转	
		面积/万亩	占比/%	面积/万亩	占比/%	面积/万亩	占比/%
淮安	275.52	98.72	35.83	13.74	4.99	6.08	2.21
盐城	584.87	190.96	32.65	67.00	11.46	12.51	2.14
宿迁	241.23	108.65	45.04	12.13	5.03	16.86	6.99
徐州	327.53	146.63	44.77	30.09	9.19	13.71	4.19
连云港	255.80	121.49	47.49	9.86	3.85	10.52	4.11
苏北	1684.95	666.44	39.55	132.81	7.88	59.68	3.54
全省	2959.76	1102.32	37.24	656.52	22.18	111.19	3.76

资料来源：江苏省农村集体财务、资产与农经统计年报资料汇编（2014）

家庭承包耕地流转去向。2014 年，苏北五市流转入农户的面积比重均较高，都超过 40%，这与苏北各市传统的转包和出租流转形式占主导相关（表 2-30）；流转入专业合作社的面积占比均超过 15%（表 2-31）。

表 2-31　2014 年苏北各市家庭承包耕地流转去向

城市	家庭承包耕地流转总面积/万亩	流转入农户		流转入专业合作社		流转入企业		流转入其他主体	
		面积/万亩	比重/%	面积/万亩	比重/%	面积/万亩	比重/%	面积/万亩	比重/%
淮安	275.52	163.65	59.40	53.40	19.38	19.24	6.98	39.23	14.24
盐城	584.87	403.18	68.94	89.05	15.23	30.04	5.14	62.59	10.70
宿迁	241.23	104.44	43.30	48.00	19.90	37.06	15.36	51.73	21.44
徐州	327.53	174.42	53.25	82.19	25.09	27.32	8.34	43.59	13.31
连云港	255.80	126.01	49.26	47.81	18.69	40.20	15.72	41.78	16.33

资料来源：江苏省农村集体财务、资产与农经统计年报资料汇编（2014）

家庭承包耕地流转其他情况。如表 2-32 所示，2014 年苏北各市家庭承包耕地流转用于种植粮食作物的面积比例最高的是淮安和宿迁，分别为 63.74%和 62.21%，最低的是徐州，仅为 29.27%。苏北各市家庭承包耕地流转合同签订率差异较大，徐州和宿迁的签订率较高，分别为 81.89%和 80.59%，连云港的签订率最低，仅为 53.97%，耕地流转规范程度仍有待提高。

表 2-32　2014 年苏北各市家庭承包耕地流转其他情况

城市	家庭承包耕地流转总面积/万亩	流转用于种植粮食作物		签订耕地流转合同份数/万份	签订流转合同	
		面积/万亩	占比/%		面积/万亩	签订率/%
淮安市	275.52	175.61	63.74	25.53	178.88	64.92
盐城市	584.87	289.52	49.50	77.61	413.83	70.76
宿迁市	241.23	150.06	62.21	26.50	194.41	80.59
徐州市	327.53	95.87	29.27	66.84	268.22	81.89
连云港市	255.80	94.14	36.80	24.93	138.05	53.97

资料来源：江苏省农村集体财务、资产与农经统计年报资料汇编（2014）

（3）农村土地承包及流转纠纷

2014 年苏北各市单位承包面积纠纷数最高的是盐城，为 1.29 件/万亩，最低的是连云港，为 0.59 件/万亩；单位流转面积纠纷数最高的也是盐城，为 1.97 件/万亩，最低的也是连云港，为 0.43 件/万亩（表 2-33）。由此可见，流转合同签订率低（表 2-32）并不意味着纠纷就一定多。

表 2-33　2014 年苏北各市农村土地承包及流转纠纷情况

城市	耕地承包纠纷数/件	家庭承包经营的耕地面积/万亩	单位承包面积的纠纷数/（件/万亩）	耕地流转纠纷数/件	家庭承包耕地流转总面积/万亩	单位流转面积的纠纷数/（件/万亩）
淮安	392	500.35	0.78	308	275.52	1.12
盐城	1063	825.94	1.29	1155	584.87	1.97
宿迁	380	495.56	0.77	272	241.23	1.13
徐州	502	737.16	0.68	242	327.53	0.74
连云港	231	388.48	0.59	111	255.80	0.43

资料来源：江苏省农村集体财务、资产与农经统计年报资料汇编（2014）

5. 江苏区县级农村土地承包经营权确权登记颁证地方实践

（1）高淳区

高淳区按照“点上先试、示范引领”的思路，积极稳妥推进农村土地承包经营权确权登记颁证试点工作。2013 年上半年，选择东坝镇红松村先行试点。2014 年 4 月，继续扩大试点，在 7 个镇 11 个村推进确权登记颁证工作。同年 8 月，在全区全面推开确权登记颁证工作，按照“确地为主、确权确地确股同步、公开规范依法”的原则，严格稳妥推进确权登记试点（中共高淳区委和高淳区人民政府，2015）。截至 2014 年 4 月底，高淳区完成红松村登记工作，实际登记农户 1117 户，涉及耕地面积 0.93 万亩，地块总数 6451 块（江苏省农业委员会，2014）。

（2）惠山区

惠山区共有 20 个村、340 个村民小组开展农村土地承包经营权确权登记颁证工作，涉及农户 10744 户，农用地面积 2.45 万亩。其中，玉祁街道 5 个村，75 个村民小组，涉及农户 2647 户，面积 0.50 万亩；洛社镇 9 个村，178 个村民小组，涉及农户 5663 户，面积 1.27 万亩；阳山镇 6 个村，87 个村民小组，涉及农户 2434 户，面积 0.68 万亩（江苏省农业委员会，2014）。洛社镇在 2014 年完成了 5 个村 80 个村民小组，涉及 2374 户农户、0.37 万亩承包地的确权登记颁证任务（惠山市人民政府，2015）。2014 年，阳山镇 6 个行政村先行开展农村土地承包经营权确权登记颁证工作，其中，新渎社区在 2014 年底已经基本完成（中国江苏网，2014）。

（3）铜山区

2013 年，铜山区柳新镇被农业部确定为农村土地承包经营权确权登记颁证全国试点单位，涉及 100 个村民小组，14728 户农户，耕地面积 4.27 万亩。截至 2014 年 4 月，柳新镇的确权和登记档案资料达到 14728 宗，建立了铜山区农村土地所有权登记专题数据库和相关电子台账（江苏省农业委员会，2014）。

（4）沛县

沛县的农村土地承包经营权确权登记颁证工作是先试点后推进。2012~2013 年，沛县选择了 5 个镇 6 个村作为试点开展农村土地承包经营权确权登记工作。截至 2014 年 4 月，试点区共确权登记 1.00 万亩土地，涉及 3246 户农户（江苏省农业委员会，2014）。

（5）金坛市

金坛市采用确权确地的方式开展农村土地承包经营权确权登记颁证工作。到 2014 年 4 月底，金坛市有 8 个镇（区）完成土地承包经营权确权登记颁证初始工作，包括 131 个原行政村（占村总数的 83%）、涉及 95889 户（占农户总数的 71%）、面积 25.02 万亩（占承包土地总面积的 60%）（江苏省农业委员会，2014）。截至 2015 年 5 月底，已有 1059 个村民小组完成了农户承包地外业勾图和基本信息登记内业整理，涉及农户 9.50 万户，占承包农户的 97%；已完成签字确认的村有 41 个，涉及农户 4.42 万户，占承包农户的 45%（金坛区人民政府门户网站，2015）。

（6）昆山市

昆山市主要通过确权确股的方式开展农村土地承包经营权确权登记颁证工作。截至 2014 年 10 月底，昆山市有 114 个村已经开展土地确权登记工作，其中 48 个村已经完成确权登记工作，涉及 2 万余户 6.50 万人，确权登记面积接近 8.60 万亩，折合 8.60 万股（中国昆山网，2014）。

（7）海门市

截至 2013 年底，海门市已经有 170 个行政村（占全市行政村总数的 73.60%）开展农村土地承包经营权确权登记颁证工作，涉及村民小组 4968 个，农户 17.80 万户，承包耕地面积 38.50 万亩（海门市人民政府网站，2014）。在此基础上，2014 年整市开展农村土地承包经营权确权登记颁证工作。海门市应开展农村土地承包经营权确权登记的村 218 个，村民组 7232 个，涉及农户 25.80 万户，68.30 万人。截至 2015 年 1 月底，已经完成基础数据上传的村民组有 7166 个（占比为 99.09%），发放农地承包经营权证书的村民组有 6661 个（占比为 92.10%）（海门市人民政府网站，2015）。

（8）东海县

为做好新一轮土地承包经营权确权登记颁证工作，2014 年 7 月，东海县在四个片区分别选择桃林镇西石埠村、山左口乡白石头村、牛山街道望东村、李埝乡恰恰村进行试点。到 2014 年 8 月底，东海县 22 个乡镇全面启动了确权登记颁证工作（东海审计网，2015）。截至 2015 年 5 月，东海县 346 个行政村中已有 334 个村启动确权登记颁证工作，且这 334 个村已全部进入公示审核、农户确认签字阶段（刘安琪和张加雪，2015）。

（9）灌云县

据统计，2014 年灌云县 85%以上的村开展了农村土地承包经营权确权登记颁证工作，2015 年灌云县的颁证率达到 90%以上（刘安琪和张加雪，2015）。截至 2015 年 7 月，灌云县 268 个行政村进入公示审核、农户确认签字阶段；

至 7 月底，灌云县农村土地确权登记工作将进入颁证阶段，对经二轮公示审核通过后的农地全部颁证到户（连云港市人民政府网站，2015）。

（10）金湖县

自金湖县被列为江苏省农村土地承包经营权确权登记颁证工作整体推进县以来，经过一年多的努力，到 2015 年 9 月，全县 108 个村的农村土地承包信息数据库已全部建成，全县实测地块数 24.27 万块，实测面积 56.79 万亩；5.90 万农户全部重新签订农村土地承包合同，签订率达到 100.00%，并打印证书 5.90 万份（李后艳，2015）。

（11）东台市

2014 年开始，东台市在 13 个镇 316 个村全面开展农村土地承包经营权确权登记颁证试点工作，计划在 2015 年底前完成土地承包经营权确权登记工作，共涉及 339 个村居，近 30 万农户，160 万亩承包地（东台市人民政府网站，2014）。作为东台市的试点镇，梁垛镇 2011 年被选为省级农村土地承包经营权确权登记试点单位。到 2014 年 4 月，梁垛镇应登记颁证农户 25787 户，实际登记 25620 户（登记率达到 99.35%），实际颁证到户 25546 户（发证率为 99.07%）（江苏省农业委员会，2014）。

（12）高邮市

自 2010 年被确定为国家农村土地承包经营权确权登记颁证试点县以来，高邮市积极稳妥推进农村土地承包经营权确权颁证试点工作。到 2014 年 4 月，高邮市基本完成 100 个村、1621 个村民小组、8.30 万农户的登记发证基础工作，实际登记发证村数为 33 个，占应登记发证村数的 21.43%（江苏省农业委员会，2014）。截至 2014 年底，高邮市农村土地承包经营权证书发放工作基本结束，进入了档案资料收集整理阶段，涉及 154 个行政村（占应发行政村的 100.00%）、3494 个村民小组（占应发村民小组的 95.96%）和 13.29 万农户（占应发农户的 94.73%）（高邮市人民政府网站，2015）。

（13）江都区

截至 2015 年 4 月，江都区共 263 个村、3904 个村民小组开展了土地承包经营权确权登记颁证工作，已有 263 个村（占全区村的 93%）、2165 个村民小组（占全区村民小组的 59%）、13.48 万农户（占全区农户的 62%）、40.10 万亩承包地（占全区承包地面积的 62%）基本完成了确权登记调查核实工作，同时约 10.28 万农户（占全区农户的 49%）进行了调查核实签字（江都市人民政府网站，2015）。到 10 月，江都区开展确权登记颁证数据调查的村民小组有 3705 个（占开展确权村民小组的 94%），涉及农户 20.90 万户；已有 3642 个村民小组完成草图绘制，3635 个村民小组完成电子图绘制，3504 个村民小组完成图表核对，2488 个村民小组完成数据录入，2127 个村民小组完成制证工作；其中，大桥镇的 10 个村和吴桥镇的 3 个村已经进入农户签字、证书发放阶段（江都市人民政府网站，2015）。

（14）扬中市

2014 年 6 月，扬中市全面启动农村土地承包经营权确权登记颁证工作，通过采取“镇里村试点、村里组试点、市里再公示”的“三步走”公示步骤，积极稳妥推进农村土地承包经营权确权登记颁证工作。截至 2015 年 9 月，全市 1440 个需开展确权登记颁证的村民小组，已全部完成入户调查；完成外业测绘的村民小组 1434 个（占比为 99.58%）；完成审核公示的村民小组 1424 个（占比为 98.89%）；完成入户权属确认和签订合同的村民小组 1392 个（占比为 96.67%）（扬中农林网，2015）。

（15）姜堰区

2014 年 6 月，为了促进农村土地承包经营权确权登记颁证工作的顺利进行，姜堰区召开全区农村土地承包经营权确权登记颁证工作会议，提出了年内完成颁证率达 85.00%的要求。此次姜堰区农村土地承包经营权确权登记颁证工作共涉及全区近 20 万农户，61 万多亩土地，工作面广量大（姜堰新闻网，2014）。截至 2014 年 11 月底，作为姜堰区的试点村，兴泰镇沙垛村已经率先完成入户权属登记和现场测绘工作，土地确权签字率达 98.30%（姜堰农业信息网，2014）。到 2015 年 6 月底，姜堰区溱潼镇确权工作基本完成，确权到户面积共 1.80 万亩，确权地块 14515 块（泰州市人民政府网，2015）。

（16）泗洪县

2014 年 5 月，泗洪县选择双沟镇、界集镇、上塘镇、石集乡作为先期试点乡镇，共涉及 4.30 万农户、38.60 万亩承包经营耕地。2014 年 12 月，泗洪县启动二期土地确权工作，涉及农户 12.50 万户，承包地面积 131.40 万亩。截至 2015 年 3 月，泗洪县第一轮确权登记颁证的试点工作初步完成，入户签字率为 100.00%，并已进入正常颁证状态；第二轮的试点工作处于权属调查阶段，预计 2015 年 7 月底基本完成（泗洪县人民政府网站，2015）。

第三章　江苏农业生产经营主体发展报告

一、农业生产经营主体发展新动向

根据中央出台的鼓励和引导新型农业经营主体规范发展的政策，江苏省进一步加快推进农业现代化的进程，创新农村经营体制机制。目前，江苏省新型农业经营主体呈现良好发展态势，家庭农场、专业大户、农民合作社和农业龙头企业等新型农业经营主体具有不同的定位和优势，在农业现代化进程中发挥着相互不可替代的作用。引导和促进家庭农场、农业专业合作社、农业龙头企业等新型农业经营主体的规范发展是目前和今后一个时期的主要工作。

一是加快培育新型职业农民，提高农业从业人员的素质。新型职业农民是构建新型农业经营体系、培育新型农业经营主体的人才基础。着重农业实用技术的培训和推广，建立全省新型职业农民培育师资库，编制技能培训方案，举办全省新型职业农民培育示范县管理培训班。开展农村实用人才认定试点，组织农民学习观摩，发展壮大新型职业农民队伍。

二是建立江苏省示范家庭农场名录制度，全面落实各项扶持政策。评选省级示范家庭农场，结合各地的实际情况，引导和培植一批各具特色的市、县级示范家庭农场，引领全省家庭农场快速健康发展。将家庭农场作为农技推广、农经服务等的主要对象，提高家庭农场农业生产的专业化和集约化水平。加大对家庭农场信贷扶持力度，创新家庭农场金融产品和服务方式，鼓励农村小额贷款公司、融资租赁公司、互联网金融企业等为家庭农场和专业大户提供资金支持。

三是建立政府优先扶持农民合作社名录，推进农民合作社规范化建设。实行严格的政府优先扶持农民合作社名录动态管理，强化合作社内部管理，规范合作社运行机制。组织开展农民合作社骨干培训，拓展合作社服务功能，全力提升农民合作社带动农民增收的能力。设立农民合作社融资改革担保基金，与省农行、邮储银行、民生银行、平安银行签订合作协议，扩大贷款业务，适应不同类型合作社的需求，为农民合作社的做大做强搭建融资平台。

四是引导农业龙头企业建立现代企业制度，动态监测和认定省级农业龙头企业。加快农业龙头企业转型升级，加大科技创新，提升企业竞争力。创建发展区域公共品牌，显现地区优势特色产业，发挥其农业产业化经营的带动力量。大力发展订单农业，加大市场开拓力度，建立稳定的农产品购销关系，努力提升销售收入、营业利润。强化与农户的利益联结，带动农民就业和增收。

二、农业生产经营主体发展趋势

2012~2014 年，江苏省小农户数量逐年减少，从 2012 年的 1288.40 万户缩减至 2014 年的 1270.86 万户；全省经农经农业部门认定的家庭农场数量有所增加，由 2013 年的 1.16 万家增加到 2014 年的 2.18 万家；省级以上农业龙头企业的数量从 2012 年的 443 家增加到 2013 年的 607 家，2014 年维持不变；全省每年公布的列入政府优先扶持农民专业合作社名录的合作社（以下简称“名录内”合作社[①]）数量先增后减，由 2012 年的 15048 家增至 2013 年的 16625 家，而 2014 年又减为 14525 家（表 3-1）。

表 3-1　2012~2014 年江苏省各类农业生产经营主体总体情况

年份	小农户数量/万户	家庭农场[a]数量/万家	省级以上农业龙头企业数量/家	“名录内”合作社数量/家
2012	1288.40	—	443	15048
2013	1279.96	1.16	607	16625
2014	1270.86	2.18	607	14525

资料来源：根据江苏省农村集体财务、资产与农经统计年报资料汇编（2012~2014）及江苏省农业委员会农村经济体制与经营管理处、农业产业化发展指导处、合作社指导处提供的资料计算

a. 经农经农业部门认定的家庭农场数量

① “名录内”合作社指的是江苏省农业委员会根据《江苏省农民专业合作社条例》和《江苏省建立农民专业合作社名录实施办法（试行）》的规定，每年公布一次列入政府优先扶持农民专业合作社名录的合作社。

表 3-2 是 2012~2014 年江苏省三大区域各类农业生产经营主体发展趋势。2012~2014 年，苏南、苏中和苏北小农户数量均呈现逐年减少的趋势，分别从 2012 年的 283.90 万户、384.60 万户和 619.90 万户减少到 2014 年的 273.78 万户、383.18 万户和 612.85 万户。与 2012 年相比，2013 年各区域省级以上农业龙头企业数量均有所增加，但 2014 年与 2013 年保持一致。具体地，苏南、苏中和苏北省级以上农业龙头企业数量分别由 2012 年的 146 家、109 家和 168 家增至 2014 年的 197 家、149 家和 236 家。2012~2014 年，苏南、苏中和苏北“名录内”合作社数量变化较大，分别从 2012 年的 4112 家、4223 家和 6713 家变化为 2014 年的 5106 家、2666 家和 6753 家。

表 3-2　2012~2014 年江苏省三大区域各类农业生产经营主体总体情况

区域	年份	小农户[a] 数量/万户	省级以上农业龙头企业[b] 数量/家	“名录内”合作社 数量/家
苏南	2012	283.90	146	4112
	2013	278.89	197	5255
	2014	273.78	197	5106
苏中	2012	384.60	109	4223
	2013	384.01	149	3777
	2014	383.18	149	2666
苏北	2012	619.90	168	6713
	2013	617.06	236	7593
	2014	612.85	236	6753

资料来源：根据江苏省农村集体财务、资产与农经统计年报资料汇编（2012~2014）及江苏省农业委员会农村经济体制与经营管理处、农业产业化发展指导处、合作社指导处提供的资料计算

a.资料汇编中 2014 年三大区域小农户数量的加总数据与表 3-1 中江苏省的小农户数量不等，此处仅按照原数据进行汇总；b.2012~2014 年三大区域省级以上农业龙头企业数量的加总数据与表 3-1 中江苏省的省级以上农业龙头企业数量不等，这是因为全省的统计数据里还包含属省农垦、属省直的农业龙头企业数量，此处仅按照原数据进行汇总

1. 小农户发展趋势

由表 3-3 可知，江苏省小农户数量逐年下降，全省家庭承包经营耕地面积也逐年减少，但户均承包经营耕地面积逐年上升。与 2012 年相比，2014 年小农户数量减少了 17.54 万户，家庭承包经营耕地面积减少了 38.13 万亩，

但户均承包经营耕地面积增加了 0.03 亩。

表 3-3　2012~2014 年江苏省小农户及其家庭承包经营耕地情况

年份	小农户/万户	家庭承包经营耕地面积/万亩	户均承包经营耕地面积/亩
2012	1288.40	5104.10	3.96
2013	1279.96	5077.67	3.97
2014	1270.86	5065.97	3.99

资料来源：江苏省农村集体财务、资产与农经统计年报资料汇编（2012~2014）

表 3-4 是 2012~2014 年江苏省三大区域小农户及其家庭承包经营耕地情况。与全省整体发展趋势保持一致，2012~2014 年，苏南、苏中和苏北小农户数量均呈现逐年下降状态，分别从 2012 年的 283.90 万户、384.60 万户和 619.90 万户减少到 2014 年的 273.78 万户、383.18 万户和 612.85 万户。2012~2014 年，苏南户均承包经营耕地面积呈先增后减的趋势，先从 2012 年的 3.29 亩增至 2013 年的 3.32 亩，后又减为 2014 年的 3.30 亩；苏中户均承包经营耕地面积逐年下降，由 2012 年的 3.18 亩减为 2014 年的 3.15 亩；而苏北户均承包经营耕地面积呈现增长趋势，2012~2013 年维持不变，为 4.76 亩，2014 年增至 4.81 亩。

表 3-4　2012~2014 年江苏省三大区域小农户及其家庭承包经营耕地情况

区域	年份	小农户[a]/万户	家庭承包经营耕地面积[b]/万亩	户均承包经营耕地面积/亩
苏南	2012	283.90	934.30	3.29
	2013	278.89	925.72	3.32
	2014	273.78	904.83	3.30
苏中	2012	384.60	1221.40	3.18
	2013	384.01	1216.60	3.17
	2014	383.18	1207.22	3.15
苏北	2012	619.90	2948.40	4.76
	2013	617.06	2935.35	4.76
	2014	612.85	2947.49	4.81

资料来源：江苏省农村集体财务、资产与农经统计年报资料汇编（2012~2014）

a.资料汇编中 2014 年三大区域小农户数量的加总数据与表 3-3 中江苏省的小农户数量不等，此处仅按照原数据进行汇总；b.2014 年三大区域家庭承包经营耕地面积的加总数据与表 3-3 中江苏省家庭承包经营耕地面积不等，此处仅按照原数据进行汇总

2. 农业合作社发展趋势

如表 3-5 所示，2012~2014 年，江苏省“名录内”合作社数量大致在 15000 家左右，2013 年数量最多，为 16625 家；2014 年数量最少，为 14525 家。与 2012 年相比，2014 年农民专业合作社数量和农地股份合作社数量有所减少，而农村社区股份合作社和其他类型合作社数量明显增加。

表 3-5　2012~2014 年江苏省“名录内”不同类型合作社分布情况

年份	农民专业合作社/家	农地股份合作社/家	农村社区股份合作社/家	其他类型合作社/家	合计/家
2012	12688	1911	410	39	15048
2013	14305	2011	198	111	16625
2014	12351	1470	458	246	14525

资料来源：根据江苏省农委农民合作社指导处提供的资料整理

表 3-6 是 2012~2014 年江苏省三大区域“名录内”不同类型合作社分布情况。2012~2014 年，苏南、苏中和苏北“名录内”合作社数量变化较大，分别从 2012 年的 4112 家、4223 家和 6713 家变化为 2014 年的 5106 家、2666 家和 6753 家。与 2012 年相比，2014 年苏南和苏北“名录内”农民专业合作社有所增加，而苏中明显减少。2012~2014 年，苏南和苏中“名录内”农地股份合作社数量有较大变动，而苏北基本保持稳定；苏南和苏北“名录内”农村社区股份合作社数量总体有所增加，而苏中呈大幅减少趋势；“名录内”其他类型合作社则主要分布在苏南。

表 3-6　2012~2014 年江苏省三大区域“名录内”不同类型合作社分布情况

区域	年份	农民专业合作社/家	农地股份合作社/家	农村社区股份合作社/家	其他类型合作社/家	合计/家
苏南	2012	3125	669	281	37	4112
	2013	3917	1065	164	109	5255
	2014	3490	951	429	236	5106
苏中	2012	3223	883	117	0	4223
	2013	3176	580	21	0	3777
	2014	2491	161	9	5	2666

续表

区域	年份	农民专业合作社/家	农地股份合作社/家	农村社区股份合作社/家	其他类型合作社/家	合计/家
苏北	2012	6340	359	12	2	6713
	2013	7212	366	13	2	7593
	2014	6370	358	20	5	6753

资料来源：根据江苏省农委农民合作社指导处提供的资料整理

3. 农业龙头企业发展趋势

由表 3-7 中可知，2012~2014 年，江苏省省级以上农业龙头企业数量有所增加，由 2012 年的 443 家增加到 2014 年的 607 家。2012~2014 年，国家级农业龙头企业数量保持不变，为 61 家，但其占江苏省省级以上农业龙头企业数量的比重有所下降，从 2012 年的 13.77%减为 2014 年的 10.05%；省级农业龙头企业的数量从 2012 年的 382 家增加到 2014 年的 546 家，其比重也相应上升，由 2012 年的 86.23%增至 2014 年的 89.95%。

表 3-7　2012~2014 年江苏省省级以上农业龙头企业基本情况

年份	总数/家	国家级		省级		销售收入/亿元	纯利/亿元	带动农户/万户
		数量/家	占比/%	数量/家	占比/%			
2012	443	61	13.77	382	86.23	4955.23	152.57	953
2013	607	61	10.05	546	89.95	6352.73	184.46	1050
2014	607	61	10.05	546	89.95	6998.80	199.66	1135

资料来源：根据江苏省农委产业化发展指导处提供的数据整理

2012~2014 年，农业龙头企业的销售收入、纯利和带动农户的能力不断提升。2012 年，443 家省级以上农业龙头企业实现销售收入 4955.23 亿元，实现纯利 152.57 亿元，带动农户 953 万户；2013 年，607 家省级以上农业龙头企业实现销售收入 6352.73 亿元，实现纯利 184.46 亿元，带动农户 1050 万户；同样是这 607 家企业，2014 年实现销售收入 6998.80 亿元，实现纯利 199.66 亿元，带动农户 1135 万户。

如表 3-2 所示，与 2012 年相比，2013 年苏南、苏中和苏北省级以上农业龙头企业数量均有所增加，但 2014 年与 2013 年保持一致（具体情况参见《江苏农村农业生产经营发展报告 2014》）。

4. 家庭农场发展趋势

（1）全省农经农业部门认定的家庭农场情况

2013~2014 年，江苏省经农经农业部门认定的家庭农场数量有所增加，由 2013 年的 1.16 万家增加到 2014 年的 2.18 万家（表 3-1）。

（2）全省省级示范家庭农场情况

2014~2015 年，江苏省省级示范家庭农场的数量有所增加，从 2014 年的 111 家增加到 2015 年的 306 家；分区域来看，苏南、苏中和苏北省级示范家庭农场数量均有大幅度增加，分别从 2014 年的 36 家、27 家和 48 家增加到 2015 年的 103 家、76 家和 127 家（表 3-8）。

表 3-8　2014~2015 年江苏省及三大区域省级示范家庭农场分布情况

年份	苏南/家	苏中/家	苏北/家	全省/家
2014	36	27	48	111
2015	103	76	127	306

资料来源：根据江苏省农委农村经济体制与经营管理处提供的资料整理

三、农业生产经营主体发展现状

2014 年，江苏省小农户数量达 1270.86 万户，全省经农经农业部门认定的家庭农场有 2.18 万家，省级以上农业龙头企业有 607 家；“名录内”合作社有 14525 家（表 3-1）。

苏南、苏中和苏北小农户数量分别为 273.78 万户、383.18 万户和 612.85 万户，分别占全省总数的 21.56%、30.18%和 48.26%。607 家省级以上农业龙头企业中，除了属省农垦的 13 家和属省直的 12 家外，苏南、苏中和苏北省级以上农业龙头企业分别有 197 家、149 家和 236 家。苏南、苏中和苏北“名录内”合作社数量分别为 5106 家、2666 家和 6753 家（表 3-2）。

1. 小农户发展现状

2014 年,江苏省小农户数为 1270.86 万户,家庭承包经营耕地面积 5065.97 万亩，户均承包经营耕地面积 3.99 亩（表 3-3）。

2014 年，苏南、苏中和苏北小农户数分别为 273.78 万户、383.18 万户和 612.85 万户，苏北小农户数量约占全省的一半。苏北小农户户均承包经营耕地面积最大，4.81 亩，苏南其次，3.30 亩，苏中最小，3.15 亩（表 3-4）。

2. 农业合作社发展现状

（1）全省“名录内”合作社情况

2014 年，江苏省“名录内”合作社 14525 家，其中，占比最高的是农民专业合作社（85.03%），共 12351 家；其次是农地股份合作社（占比 10.12%），共 1470 家；第三位是农村社区股份合作社，共 458 家（占比 3.15%）；占比最低的是其他类型合作社（1.70%），共 246 家（表 3-5，图 3-1）。

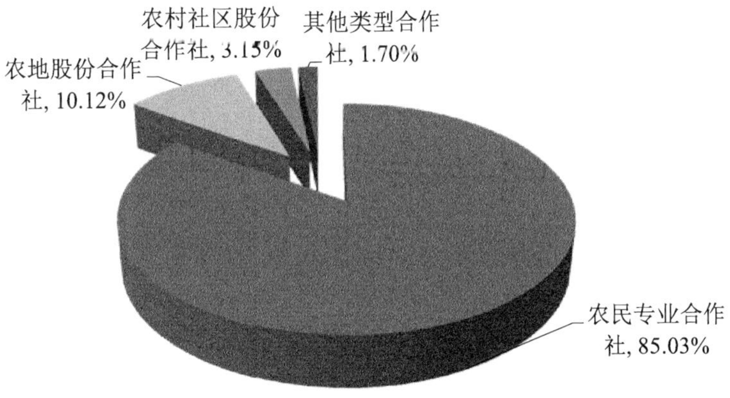

图 3-1　2014 年江苏省“名录内”不同类型合作社分布情况

资料来源：根据江苏省农委农民合作社指导处提供的资料整理

2014 年，苏南、苏中和苏北“名录内”合作社总数分别为 5106、2666 和 6753 家，分别占全省总数的 35.15%，18.36%和 46.49%。苏北农民专业合作社数量最多，而苏南农地股份合作社、农村社区股份合作社和其他类型合作社数量明显高于苏北和苏中（表 3-6）。

（2）全省国家农民合作社示范社情况

2014 年底，农业部等九部委联合发文公布了由全国农民合作社发展部际联席会议认定的首批国家农民合作社示范社名录。如表 3-9 所示，2014 年江苏省共有 150 家农业类合作社进入首批国家农民合作社示范社名录，与山东、河南两省并列全国第一。苏南进入国家农民合作社示范社的数量有 46 家，其中南京 10 家、无锡 8 家、常州 8 家、苏州 14 家、镇江 6 家；苏中有 39 家，其中南通 16 家、扬州 12 家、泰州 11 家；苏北有 65 家，其中徐州 14 家、连云港 10 家、淮安 12 家、盐城 18 家、宿迁 11 家。

表 3-9　2014 年国家农民合作社示范社江苏省名录

区域	国家农民合作社示范社名称（150 家）	
南京（10 家）	南京十里清峰茶叶专业合作社	溧水区华成蔬菜专业合作社
	南京龙霸茶叶专业合作社	南京星根农作物种子专业合作社
	南京市六合区大圣水芹专业合作社	南京绿桥瓜果菜专业合作社
	南京市六合区金牛山茶叶专业合作社	高淳区淳和水稻专业合作社
	溧水区中亮黑莓专业合作社	高淳区椏溪国华水草栽培专业合作社
无锡（8 家）	宜兴市坤兴养猪专业合作社	江阴市南国花木专业合作社
	宜兴市张阳花卉苗木种植专业合作社	无锡市益家康蔬菜专业合作社
	宜兴市丁蜀镇西望紫砂陶瓷专业合作社	江阴市外婆家果品种种植专业合作社
	无锡市阳山安阳水蜜桃专业合作社	江阴金湖肉鸭养殖专业合作社
常州（8 家）	常州太湖明珠水产专业合作社	金坛市昌玉红香芋专业合作社
	溧阳天目湖蚕桑专业合作社	金坛市万叶水产专业合作社
	溧阳市天目湖玉枝茶果专业合作社	金坛市三德利养鸡专业合作社
	溧阳市海滨农机专业合作社	常州市焦溪二花脸猪专业合作社
苏州（14 家）	张家港市海芸枇杷专业合作社	吴江市新城水产养殖专业合作社
	张家港市金恭国果蔬专业合作社	苏州市西湖水产生态养殖专业合作联社
	张家港市凤凰镇奶牛养殖专业合作社	太仓市绿阳蔬果专业合作社
	苏州市吴中区角直镇车坊汪湾农产品专业合作社	太仓市东林农场专业合作社
	苏州市吴中区金庭镇天王坞茶果专业合作社	常熟市吉健葡萄专业合作社
	苏州市东山清熙农产品专业合作社	常熟市董浜东盾蔬菜专业合作社
	吴江市家和蚕业专业合作社	常熟市朱家桥惠农农机专业合作社

续表

区域	国家农民合作社示范社名称（150家）	
镇江（6家）	扬中市秦桂兰柳编专业合作社	句容市华甸农产品专业合作社
	镇江市润州区长山果品专业合作社	句容市后白镇西冯花草木专业合作社
	句容市天王镇戴庄有机农业专业合作社	镇江市丹徒区春沏茶叶专业合作社
南通（16家）	南通天泰粮食种植专业合作社	启东市东武蔬果专业合作社
	南通市通州区骑岸镇渡海亭桑茧专业合作社	海门市强禾果蔬专业合作社
	如皋市宏如蚕桑专业合作社	海门市官公岛瓜果专业合作社
	如皋市光远果蔬专业合作社	海门市开发区丰收农机服务专业合作社
	如皋市神牛农机作业专业合作社	海安县泓寿食用菌专业合作社
	如东县曹埠镇双羊蔬菜专业合作社	海安县群利渔业专业合作社
	如东县朝阳畜牧专业合作社	海安县宏润畜禽专业合作社
	启东市琰丰蔬菜专业合作社	南通青园蔬菜专业合作社
扬州（12家）	扬州聚源春茶叶专业合作社	高邮市汉留镇元鑫虾业专业合作社
	仪征亚农兔业专业合作社	高邮市阳光特种水产专业合作社
	扬州市朴树湾草席专业合作社	宝应县射阳湖镇风车头荷藕营销专业合作社
	扬州市东方水禽专业合作社	宝应县晨光水产品产销专业合作社
	扬州市金谷农副产品专业合作社	宝应县相庄永红生猪产销专业合作社
	扬州市江都区富华葡萄专业合作社	宝应县范水庆丰收割机跨区作业专业合作社
泰州（11家）	兴化市绿蛙植保专业合作社	泰州市双禾蔬菜专业合作社
	兴化市缸顾乡千岛园果蔬专业合作社	泰州市高港区绿海花卉苗木专业合作社
	兴化市苏兴水产养殖专业合作社联社	靖江市义昌果品专业合作社
	泰兴市和平蔬菜种植专业合作社	靖江市西来镇龙飞生猪养殖专业合作社
	泰兴市益农苗木专业合作社	泰州苏鹏禽蛋购销专业合作社
	兴化市得胜湖蛋禽专业合作社	
徐州（14家）	睢宁县红光奶牛饲养专业合作社	邳州四季芳庭花卉种植专业合作社
	新沂市富景生态果蔬专业合作社	沛县裕农蔬菜良种开发专业合作社
	新沂市骆马湖渔业养殖专业合作社	沛县广源畜禽专业合作社
	徐州市昊煜养牛专业合作社	徐州市贾汪区康田农产品营销专业合作社
	睢宁县绿农植保专业合作社	丰县凯宇果蔬专业合作社
	徐州嘉祥草莓专业合作社	丰县大山河食用菌种植专业合作社
	徐州市红旗立华养鸡专业合作社	徐州市狼古墩种植专业合作社
连云港（10家）	灌云县蓝超水果种植专业合作社	赣榆县金龙茶叶专业合作社
	灌云乡村佰业农业服务专业合作社	赣榆县惠民泥鳅养殖专业合作社
	灌南县树军生猪专业合作社	东海县洪庄镇广来畜禽养殖专业合作社
	灌南亚建农机服务专业合作社	东海县平明王烈农机插秧服务合作社
	连云港市兴源紫菜专业合作社	连云港市海农植保专业合作社

续表

区域	国家农民合作社示范社名称（150家）	
淮安（12家）	盱眙县淮河蔬菜专业合作社	金湖县永祥种鸡专业合作社
	盱眙县顺森肉鸡养殖专业合作社	淮安市淮农薯业专业合作社
	洪泽县煜荣农产品专业合作社	淮安市淮阴区棉花庄绿源辣椒种植专业合作社
	洪泽县岔河镇幸福鳜鱼养殖专业合作社	淮安市淮安区赢信粮食专业合作社
	金湖县金农村藕业专业合作社	淮安市淮安区笠诚朗德鹅养殖专业合作社
	金湖县兴全禽业专业合作社	涟水县圣农家禽养殖专业合作社
盐城（18家）	响水县薛牌西瓜农民专业合作社	建湖县华盛河虾养殖专业合作社
	盐城市唯佳草莓专业合作社	建湖县弘宇肉鸽产销专业合作社
	盐城市盐都区鼎绿蔬菜专业合作社	阜宁县古河生猪专业合作社
	盐城市亭湖区盐东镇盐红羊角椒专业合作社	阜宁沟墩禽蛋专业合作社
	盐城市亭湖区新兴禽蛋专业合作社	东台市富安蚕业专业合作社
	射阳县特庸仁军禽蛋专业合作社	东台市东成甜叶菊专业合作社
	滨海镇木楼蔬菜专业合作社	大丰市裕华大蒜生产专业合作社
	滨海县苏合农产品销售专业合作社联合社	大丰市添寿禽蛋专业合作社
	射阳峰琴辣椒专业合作社	大丰市金鹿渔业专业合作社
宿迁（11家）	泗洪县徐城水产养殖专业合作社	宿迁市宿豫区强农农机服务专业合作社
	泗阳县李口镇开源山羊养殖专业合作社	宿迁市益民蔬果专业合作社
	泗洪县金桥生猪养殖专业合作社	宿迁市宿城区嘉南蔬菜专业合作社
	沭阳县虞美人瓜果专业合作社	宿迁市飞燕家禽养殖专业合作社
	沭阳县珍品花卉专业合作社	泗阳县百春锦蔬菜专业合作社
	宿迁市众兴食用菌专业合作社	

资料来源：农世界（2014）

3. 农业龙头企业发展现状

（1）全省省级以上农业龙头企业情况

2014 年，江苏省 607 家省级以上农业龙头企业的销售总收入达 6998.80 亿元，其中，61 家国家级农业龙头企业实现销售收入 2497.30 亿元，546 家省级农业龙头企业实现销售收入 4501.50 亿元；607 家省级以上农业龙头企业实现纯利 199.66 亿元，其中，国家级农业龙头企业的纯利润为 78.56 亿元，省级农业龙头企业的纯利润为 121.10 亿元；607 家省级以上农业龙头企业带动农户 1135 万户，其中，国家级农业龙头企业带动农户 476 万户，省级农业龙头企业带动农户 659 万户（表 3-7）。

2014 年，全省销售收入居前三位的省级以上农业龙头企业分别是江苏雨润肉类产业集团有限公司、南京农副产品物流配送中心有限公司、维维食品饮料股份有限公司；纯利润居前三位的企业分别是江苏雨润肉类产业集团有限公司（33.30 亿元）、维维食品饮料股份有限公司（18.30 亿元）和苏州南环桥市场发展股份有限公司（12.80 亿元）；带动省内农户数量居前三位的企业分别是江苏凌家塘市场发展有限公司（48 万户）、江苏雨润肉类产业集团有限公司（40 万户）和江苏大自然食品有限公司（38 万户）。

（2）全省农业产业化省级重点龙头企业情况

2015 年 10 月 13 日，江苏省农业委员会发布了《关于公布省级农业产业化重点龙头企业名单的通知》（苏农产〔2015〕4 号）。根据《省政府关于进一步扶持农业产业化龙头企业发展的实施意见》（苏政发〔2012〕135 号）和《江苏省农业产业化省级龙头企业认定与运行监测管理暂行办法》（苏农办〔2010〕11 号）的要求，认定省级农业产业化重点龙头企业共 637 家，其中新增 161 家，原来的 546 家中动态监测合格的有 476 家（江苏农业网，2015）。

（3）全省农业产业化国家重点龙头企业情况

2014 年 9 月 1 日，农业部发布了《农业部关于公布第六次监测合格农业产业化国家重点龙头企业名单》（农经发〔2014〕9 号）。根据《国务院关于支持农业产业化龙头企业发展的意见》（国发〔2012〕10 号）和《农业产业化国家重点龙头企业认定和运行监测管理办法》（农经发〔2010〕11 号）要求，全国共有 1191 家农业产业化国家重点龙头企业监测合格。其中，江苏省共有 60 家，具体名录见表 3-10。

表 3-10 2014 年农业产业化国家重点龙头企业江苏省名录

序号	农业产业化国家重点龙头企业名称	序号	农业产业化国家重点龙头企业名称
1	江苏雨润肉类产业集团有限公司	31	江苏荷仙食品集团有限公司
2	南京奶业（集团）有限公司	32	江苏双兔食品股份有限公司
3	南京老山药业股份有限公司	33	江苏恒顺醋业股份有限公司
4	江苏开元食品科技有限公司	34	大亚科技股份有限公司
5	南京桂花鸭（集团）有限公司	35	丹阳市正大油脂有限公司
6	江苏固城湖水产市场股份有限公司	36	江苏三零面粉有限公司
7	无锡天鹏集团有限公司	37	江苏九寿堂生物制品有限公司
8	无锡朝阳股份有限公司	38	江苏玖久丝绸股份有限公司
9	江苏春辉生态农林股份有限公司	39	江苏龙嫂绿色食品有限公司
10	维维食品饮料股份有限公司	40	江苏省农垦米业集团有限公司
11	徐州中天棉业集团有限公司	41	江苏省食品集团有限公司
12	江苏胜阳实业股份有限公司	42	江苏宁富食品有限公司
13	徐州黎明食品有限公司	43	江苏东宝粮油集团有限公司
14	夏溪花木市场控股有限公司	44	江苏省淮安新丰面粉有限公司
15	江苏凌家塘市场发展有限公司	45	江苏省大华种业集团有限公司
16	江苏梁丰食品集团有限公司	46	江苏悦达农业发展有限公司
17	江苏众诚鸭业有限公司	47	江苏花王园艺股份有限公司
18	鑫缘茧丝绸集团股份有限公司	48	江苏中东集团有限公司
19	江苏京海禽业集团有限公司	49	江苏红豆杉生物科技股份有限公司
20	江苏宝宝集团公司	50	南京远望富硒农产品有限责任公司
21	江苏长寿集团股份有限公司	51	江苏楚龙面粉有限公司
22	江苏中宝食品有限公司	52	江苏省粮油食品进出口集团股份有限公司
23	江苏利昂实业有限公司	53	江苏省银河面粉有限公司
24	江苏榆城集团有限公司	54	江苏苏北花卉股份有限公司
25	江苏海隆国际贸易有限公司	55	扬州万达羽绒制品股份有限公司
26	江苏民康油脂有限公司	56	江苏三维园艺有限公司
27	淮安天参农牧水产有限公司	57	金利油脂（苏州）有限公司
28	江苏富安茧丝绸股份有限公司	58	南京农副产品物流配送中心有限公司
29	江苏大宏纺织集团股份有限公司	59	江苏中洋集团股份有限公司
30	江苏宝龙集团有限公司	60	江苏泗洪县金水特种水产养殖有限公司

资料来源：江苏省农业龙头企业网（2014）

4. 家庭农场发展现状

（1）全省农经农业部门认定的家庭农场情况

截至 2014 年底，江苏全省经农经农业部门认定的家庭农场达到 2.18 万家（表 3-1）。

江苏省农经农业部门认定家庭农场的经营规模分布情况。全省家庭农场的平均经营规模为 194 亩。经营规模在 100 亩以下的家庭农场 7800 多家，占 36%；100~300 亩的家庭农场超过 1 万家，占 49%；300~1000 亩的家庭农场 2900 家，占 13%；1000 亩以上的家庭农场 446 家，占 2%（图 3-2）。

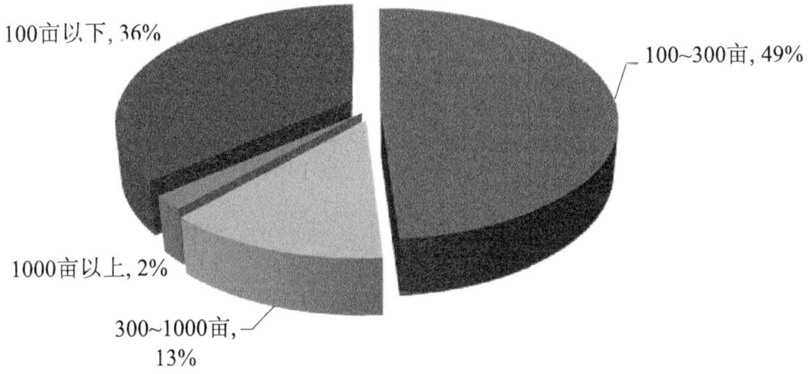

图 3-2　2014 年江苏省家庭农场经营规模分布情况

资料来源：根据江苏省农委农村经济体制与经营管理处提供的资料整理

江苏省农经农业部门认定家庭农场的经营产业分布情况。如图 3-3 所示，在 2.18 万个家庭农场中，从事粮食种植的占 43%，从事园艺果蔬种植的占 20%，从事畜禽养殖的占 16%，从事水产养殖的占 14%，种养结合的占 7%。

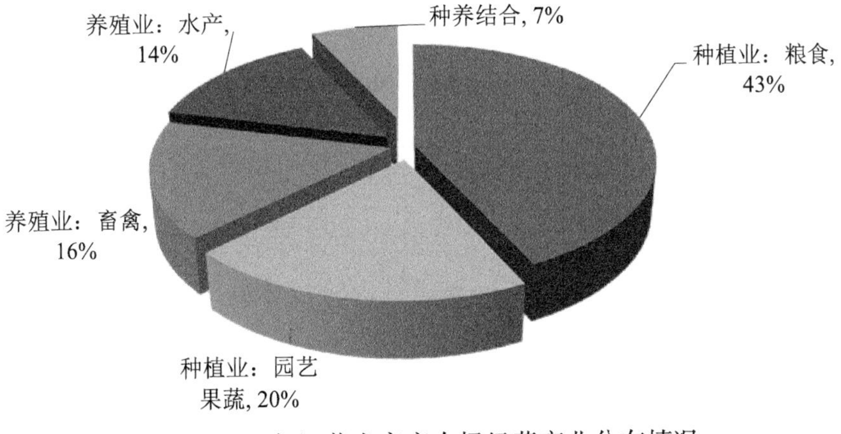

图 3-3　2014 年江苏省家庭农场经营产业分布情况

资料来源：根据江苏省农委农村经济体制与经营管理处提供的资料整理

（2）全省省级示范家庭农场情况

2015 年，江苏省农业委员会发布了关于公布《2015 年省级示范家庭农场名录的通知》（苏农经〔2015〕5 号）。全省共有 306 家家庭农场进入了《2015 年省级示范家庭农场名录》，其中苏南 103 家，苏中 76 家，苏北 127 家（表 3-11，表 3-12）。

表 3-11　2015 年江苏省省级示范家庭农场名录

序号	家庭农场名称	所在市	序号	家庭农场名称	所在市
1	南京市江宁区杨长根家庭农场	南京	26	南京市溧水区嘉丰家庭农场	南京
2	南京市江宁区祥鹏家庭农场	南京	27	高淳区高稼庄水稻种植家庭农场	南京
3	南京市江宁区星波家庭农场	南京	28	南京市高淳区施家兴丰谷物种植家庭农场	南京
4	南京市江宁区万氏家族农业种植家庭农场	南京	29	南京市栖霞区马周乐蔬菜种植家庭农场	南京
5	南京市江宁区薛涛家庭农场	南京	30	南京市栖霞区周诚蔬菜种植家庭农场	南京
6	南京市江宁区洋超家庭农场	南京	31	江阴市璜土龙源桃园家庭农场	无锡
7	南京市江宁区茂林家庭农场	南京	32	江阴市水墨家庭农场	无锡
8	南京市江宁区春长粮食种植家庭农场	南京	33	宜兴市洴浰盘新家庭农场	无锡
9	南京市浦口区金泓旗家庭农场	南京	34	宜兴市五谷鲜生态种养家庭农场	无锡
10	南京市浦口区梁菊芳家庭农场	南京	35	宜兴市芳丰生态种养家庭农场	无锡
11	南京市浦口区孔照翠家庭农场	南京	36	宜兴市四方生态粮食种植家庭农场	无锡
12	南京市浦口区嘉禾家庭农场	南京	37	宜兴市立新生态种养家庭农场	无锡
13	南京市浦口区子余家庭农场	南京	38	宜兴市学琴蓝莓果业家庭农场	无锡
14	南京市浦口区顺和家庭农场	南京	39	宜兴市洋埝特种养殖家庭农场	无锡
15	南京市浦口区晓兵家庭农场	南京	40	无锡市锡山区五谷丰登种植家庭农场	无锡
16	南京市六合区昌宣家庭农场	南京	41	无锡市锡山区徐家家庭农场	无锡
17	南京市六合区程家云家庭农场	南京	42	无锡市惠山区开心乐家庭农场	无锡
18	南京市六合区爱超家庭农场	南京	43	无锡市惠山区利群家庭农场	无锡
19	南京市溧水区香瑞家庭农场	南京	44	无锡市双虹勤园家庭农场	无锡
20	南京市溧水区陈敬鸿家庭农场	南京	45	丰县绿海果蔬种植家庭农场	徐州
21	南京市溧水区曹长友家庭农场	南京	46	丰县建国粮食种植家庭农场	徐州
22	南京市溧水区熊正武家庭农场	南京	47	丰县常店镇百世源果蔬家庭农场	徐州
23	南京市溧水区稻花香家庭农场	南京	48	沛县郝尧东篱莲藕种植家庭农场	徐州
24	南京市溧水区恒益家庭农场	南京	49	沛县小康农作物种植家庭农场	徐州
25	南京市溧水区徐志家庭农场	南京	50	沛县滨湖家庭农场	徐州

续表

序号	家庭农场名称	所在市	序号	家庭农场名称	所在市
51	沛县辉煌家庭农场	徐州	80	指前镇万芙军家庭农场	常州
52	徐州东凌蔬菜种植家庭农场	徐州	81	金坛市建昌国新家庭农场	常州
53	睢宁县官山镇周志谷物种植家庭农场	徐州	82	金坛市建昌兆荣家庭农场	常州
54	睢宁县官山镇朱川谷物种植家庭农场	徐州	83	金坛市西阳金谷里家庭农场	常州
55	睢宁县富粮谷物种植家庭农场	徐州	84	金坛市盛源家庭农场	常州
56	睢宁县桃园镇煊宇家庭农场	徐州	85	东城街道王国华家庭农场	常州
57	睢宁县姚集镇普通种植家庭农场	徐州	86	溧阳市溧城如意水稻种植家庭农场	常州
58	邳州市丰雅堂家庭农场	徐州	87	溧阳市国之风家庭农场	常州
59	邳州市新云谷物家庭农场	徐州	88	溧阳市天目湖大紫王葡萄种植家庭农场	常州
60	邳州市中宜惠民家庭农场	徐州	89	溧阳市白云鹿业家庭农场	常州
61	邳州市浩瀚家庭农场	徐州	90	溧阳市别桥镇志军谷物种植家庭农场	常州
62	邳州市阿虎蔬菜种植家庭家农场	徐州	91	溧阳市别桥镇建才谷物种植家庭农场	常州
63	新沂市新店镇秀水青山家庭农场	徐州	92	溧阳市竹箦镇峻羽粮食种植家庭农场	常州
64	新沂市张志慧家庭农场	徐州	93	溧阳市上兴镇陈占春树木种植家庭农场	常州
65	新沂市向梅葡萄种植家庭农场	徐州	94	溧阳市南渡镇震琴家庭农场	常州
66	新沂市邵店镇春来家庭农场	徐州	95	溧阳市殷桥晶鑫种植家庭农场	常州
67	铜山区荷润蛋鹅家庭农场	徐州	96	湟里镇蒋忙大家庭农场	常州
68	铜山区喜丰种植家庭农场	徐州	97	常州市好渔家家庭农场有限公司	常州
69	铜山区胜利家庭农场	徐州	98	武进区礼嘉绿诚家庭农场	常州
70	铜山区佩馨谷物种植家庭农场	徐州	99	常州市丰庆家庭农场有限公司	常州
71	铜山区欣明一晨家庭农场	徐州	100	武进区前黄郭飞家庭农场	常州
72	徐州市贾汪区裕达种植家庭农场	徐州	101	武进区洛阳许氏家庭农场	常州
73	徐州市贾汪区福青葡萄种植家庭农场	徐州	102	武进区郑陆秀江南家庭农场	常州
74	徐州市贾汪区熙焜种植家庭农场	徐州	103	新北区春江镇笙绿家庭农场	常州
75	徐州市崔广浩家庭农场	徐州	104	新北区罗溪镇龙珠山村周沪平家庭农场	常州
76	朱林镇戴祥华家庭农场	常州	105	新北区孟河镇孟城社区陈国东家庭农场	常州
77	朱林镇练建俊家庭农场	常州	106	张家港市壹号家庭农场	苏州
78	指前镇顾坚忠家庭农场	常州	107	常熟市海虞镇建丰家庭农场	苏州
79	指前镇黄春海家庭农场	常州	108	常熟市尚湖镇康康家庭农场	苏州

续表

序号	家庭农场名称	所在市	序号	家庭农场名称	所在市
109	常熟市梅李镇吉健家庭农场	苏州	144	赣榆县墩尚龙洋家庭农场	连云港
110	常熟市梅李镇贝儿家庭农场	苏州	145	赣榆县沙河镇新兴蓝莓农场	连云港
111	太仓市璜泾顺杰果蔬种植家庭农场	苏州	146	赣榆县家聪农场	连云港
112	吴江区震泽镇稼丰家庭农场	苏州	147	海州区浦南镇杨邵强家庭农场	连云港
113	吴中区胥口环湖家庭农场	苏州	148	海州区板浦镇乐源家庭农场	连云港
114	海安开路先锋家庭农场	南通	149	海州区宁海街道禾谐兴家庭农场	连云港
115	如皋市德明家庭农场	南通	150	连云区保丰家庭农场	连云港
116	如皋市同心家庭农场	南通	151	清浦区东豪家庭农场	淮安
117	如皋市海明家庭农场	南通	152	淮安区蛙声家庭农场	淮安
118	如东海青粮食种植家庭农场	南通	153	淮安区绿翠缘家庭农场	淮安
119	如东周俊家庭农场	南通	154	淮安区丰鑫家庭种植场	淮安
120	如东迎海生态家庭农场	南通	155	淮阴区渔沟镇敏佳蔬菜种植家庭农场	淮安
121	如东县创和家庭农场	南通	156	淮阴区紫卉生态家庭农场	淮安
122	海门市杨家寨家庭农场	南通	157	淮安市淮阴区京杭花卉种植家庭农场	淮安
123	海门市红红家庭农场	南通	158	涟水县爱华果树种植家庭农场	淮安
124	海门市四甲镇永荣家庭农场	南通	159	涟水县绿满园家庭农场	淮安
125	海门市绿艺家庭农场	南通	160	涟水县寿丰家庭农场	淮安
126	启东市朝阳家庭农场	南通	161	洪泽县永兴家庭农场	淮安
127	启东市金鑫家庭农场	南通	162	洪泽县三河镇洪云家庭农场	淮安
128	启东市帅全家庭农场	南通	163	洪泽县德益家庭农场	淮安
129	通州区东社开心田园生态农场	南通	164	洪泽县奇园家庭农场	淮安
130	通州区金沙镇明均家庭农场	南通	165	盱眙马坝天河水产养殖家庭农场	淮安
131	通州区石港镇雨顺家庭农场	南通	166	盱眙县河桥镇马家湖谷物种植家庭农场	淮安
132	东海县张湾乡土生金种植家庭农场	连云港	167	金湖县程锦粮食种植家庭农场	淮安
133	东海县驼峰乡景丰家庭农场	连云港	168	金湖爱萍粮食种植家庭农场	淮安
134	东海县春香家庭农场	连云港	169	金湖县沁园稻麦种植家庭农场	淮安
135	东海县平明镇军华种植家庭农场	连云港	170	响水县双港镇红泰家庭农场	盐城
136	东海县平明镇绿色田野种植家庭农场	连云港	171	响水县德刚家庭农场	盐城
137	灌云幸福园蔬果种植家庭农场	连云港	172	响水六套湾港文猛家庭农场	盐城
138	灌云金鑫稻麦种植家庭农场	连云港	173	滨海县滨淮镇志平水稻种植家庭农场	盐城
139	灌云夏阳港稻麦种植家庭农场	连云港	174	滨海县界牌镇顾一国稻谷种植家庭农场	盐城
140	灌南县华成谷物家庭农场	连云港	175	滨海惠宇谷物种植家庭农场	盐城
141	灌南县汤沟镇卫东家庭种植农场	连云港	176	阜宁县海慧家庭农场	盐城
142	灌南县孟兴庄镇耀鑫家庭农场	连云港	177	盐城三华家庭农场	盐城
143	赣榆县门河镇进远农作物家庭农场	连云港	178	阜宁县阜城镇卫星种养殖家庭农场	盐城

续表

序号	家庭农场名称	所在市	序号	家庭农场名称	所在市
179	盐城景越家庭农场	盐城	209	高邮市绿优家庭农场	扬州
180	建湖县高作镇海凤粮食种植家庭农场	盐城	210	仪征市文祥谷物种植家庭农场	扬州
181	建湖县聚友粮食种植家庭农场	盐城	211	仪征市铜山靓月家庭农场	扬州
182	建湖县沿河镇环忠稻麦家庭农场	盐城	212	仪征市新集镇荣成果蔬种植家庭农场	扬州
183	建湖县建阳镇成成粮食种植家庭农场	盐城	213	仪征市新天地谷物种植家庭农场	扬州
184	大丰市森源苗木园艺家庭农场	盐城	214	江都区丁沟镇开洪粮食种植家庭农场	扬州
185	大丰市金红家庭农场	盐城	215	江都区俊荣家庭农场	扬州
186	大丰市鑫隆家庭农场	盐城	216	江都区祥喜粮食种植家庭农场	扬州
187	大丰市万盈镇志富家庭农场	盐城	217	江都区怀云粮食种植家庭农场	扬州
188	东台市梁垛镇红芳花卉种植家庭农场	盐城	218	江都区友宏水产养殖家庭农场	扬州
189	东台市南沈灶镇李灶蔬菜种植家庭农场	盐城	219	江都区长兵家庭农场	扬州
190	东台市新街镇乐丰蔬菜种植家庭农场	盐城	220	江都区仙女镇江国家庭农场	扬州
191	盐城市贵航家庭农场	盐城	221	邗江区公道谷丰家庭农场	扬州
192	盐城市盐都区祥荣家庭农场	盐城	222	邗江区公道刘学勇家庭农场	扬州
193	盐城市盐都区野绿芳地蔬菜家庭农场	盐城	223	扬州市向阳生态养殖家庭农场	扬州
194	盐城市亭湖区瑞群家庭农场	盐城	224	广陵区明娟家庭农场	扬州
195	盐城市亭湖区龙华家庭农场	盐城	225	广陵区高荣家庭农场	扬州
196	盐城市兴旺家庭农场	盐城	226	广陵区沙头文斌家庭农场	扬州
197	射阳县四明镇顾昕家庭农场	盐城	227	扬州孔标家庭农场	扬州
198	射阳杰尔家庭农场	盐城	228	丹阳市珥陵镇吉庆家庭农场	镇江
199	宝应县射阳湖镇荷园苗木花卉种植家庭农场	扬州	229	丹阳市陵口镇文正家庭农场	镇江
200	宝应县继有粮食种植家庭农场	扬州	230	丹阳市延陵镇海荣家庭农场	镇江
201	宝应县四宜稻麦产销家庭农场	扬州	231	丹阳市访仙镇刘程平家庭农场	镇江
202	宝应县氾水镇华中粮食种植家庭农场	扬州	232	句容市天王镇袁琳家庭农场	镇江
203	宝应县夏集镇刘其贵粮食种植家庭农场	扬州	233	句容市后白镇道兵家庭农场	镇江
204	宝应县盛杰粮食种植家庭农场	扬州	234	句容市白兔镇小燕子家庭农场	镇江
205	高邮市林枫家庭农场	扬州	235	句容市茅山镇满园香家庭农场	镇江
206	高邮市年合永丰家庭农场	扬州	236	句容市朝花夕拾家庭农场	镇江
207	高邮市林英家庭农场	扬州	237	扬中市明国家庭农场	镇江
208	高邮市江强家庭农场	扬州	238	扬中市油坊镇富丰家庭农场	镇江

续表

序号	家庭农场名称	所在市	序号	家庭农场名称	所在市
239	扬中市兄弟水产养殖家庭农场	镇江	273	兴化市海生粮食种植家庭农场	泰州
240	丹徒区上党镇宝云家庭农场	镇江	274	兴化市怀帮粮食种植家庭农场	泰州
241	丹徒区谷阳镇仙缘水稻种植家庭农场	镇江	275	兴化市绿丰禽业家庭农场	泰州
242	丹徒区上党湖西茶叶种植家庭农场	镇江	276	兴化市香湖粮食种植家庭农场	泰州
243	丹徒区明兰瓜果种植家庭农场	镇江	277	兴化市华昊粮食种植家庭农场	泰州
244	丹阳市吕城镇益晶家庭农场	镇江	278	沭阳县章集街道朱氏粮食种植家庭农场	宿迁
245	句容市莹惠园家庭农场	镇江	279	沭阳湖东镇永辉家庭农场	宿迁
246	丹徒区上党温馨茶叶种植家庭农场	镇江	280	沭阳县顾亚洲家庭农场	宿迁
247	丹徒区江心洲心之岛家庭农场	镇江	281	沭阳县红明粮食种植家庭农场	宿迁
248	丹徒区禄水水产养殖家庭农场	镇江	282	沭阳县周集乡刘军果蔬种植家庭农场	宿迁
249	兴化市沈伦镇健鹏粮食种植家庭农场	泰州	283	沭阳县陇集镇顾小军苗木种植家庭农场	宿迁
250	兴化市戴南镇云霄粮食种植家庭农场	泰州	284	沭阳县兴标家庭农场	宿迁
251	兴化市戴南镇桂中粮食种植家庭农场	泰州	285	泗阳县于家龙家庭农场	宿迁
252	靖江市海兵家庭农场	泰州	286	泗阳县友志粮食种植家庭农场	宿迁
253	靖江市建绿家庭农场	泰州	287	泗阳县春风家庭农场	宿迁
254	靖江市金红家庭农场	泰州	288	泗阳县农本粮食种植家庭农场	宿迁
255	靖江市刘炎家庭农场	泰州	289	泗阳县君莉水产养殖家庭农场	宿迁
256	泰兴市芋琪香家庭农场	泰州	290	泗阳县金鼎家庭农场	宿迁
257	泰兴市兆春家庭农场	泰州	291	泗洪县金禾谷粮食种植家庭农场	宿迁
258	泰兴市杨峰家庭农场	泰州	292	泗洪县军缘家庭农场	宿迁
259	泰兴市军民家庭农场	泰州	293	泗洪县苏文家庭农场	宿迁
260	泰兴市兴龙家庭农场	泰州	294	泗洪县花庄谷物种植家庭农场	宿迁
261	泰兴市小南湖家庭农场	泰州	295	泗洪县振宇家庭农场	宿迁
262	泰州市小勤粮食种植家庭农场	泰州	296	泗洪县梦乐园家庭农场	宿迁
263	姜堰区玉龙粮食种植家庭农场	泰州	297	泗洪县元良蔬菜种植家庭农场	宿迁
264	姜堰区沈高镇曹德华种植家庭农场	泰州	298	泗洪县双旭家庭农场	宿迁
265	姜堰区桥头镇鸭凤种植家庭农场	泰州	299	宿豫区卫东稻麦种植家庭农场	宿迁
266	泰州市练氏家庭农场	泰州	300	宿豫区永辉稻麦种植家庭农场	宿迁
267	姜堰区金牛种植家庭农场	泰州	301	宿豫区紫城水产养殖家庭农场	宿迁
268	海陵区苏陈镇野山沟家庭农场	泰州	302	宿城区屠园乡陈伏兵家庭农场	宿迁
269	高港区海之潮家庭农场	泰州	303	宿城区起点谷物种植家庭农场	宿迁
270	高港区明慧家庭农场	泰州	304	宿城区龙河镇建堂家庭农场	宿迁
271	高港区新世纪农场	泰州	305	宿迁市湖滨新城成功之路家庭农场	宿迁
272	高港区徐庄家庭农场	泰州	306	宿城区田原家庭农场	宿迁

资料来源：根据江苏省农委农村经济体制与经营管理处提供的资料整理

表 3-12　2015 年江苏省及三大区域省级示范家庭农场分布情况

年份	苏南/家	苏中/家	苏北/家	全省/家
2015	103	76	127	306

资料来源：根据江苏省农委农村经济体制与经营管理处提供的资料整理

江苏省省级示范家庭农场的经营规模分布情况[①]。如图 3-4 所示，2015 年全省省级示范家庭农场经营规模在 100 亩以下、100~300 亩、300~500 亩及 500 亩以上的分别有 31 家、246 家、26 家和 1 家，分别占全省省级示范家庭农场总数的 10.20%、80.92%、8.55%和 0.33%。由此可见，江苏省绝大多数省级示范家庭农场的经营规模在 100~300 亩。

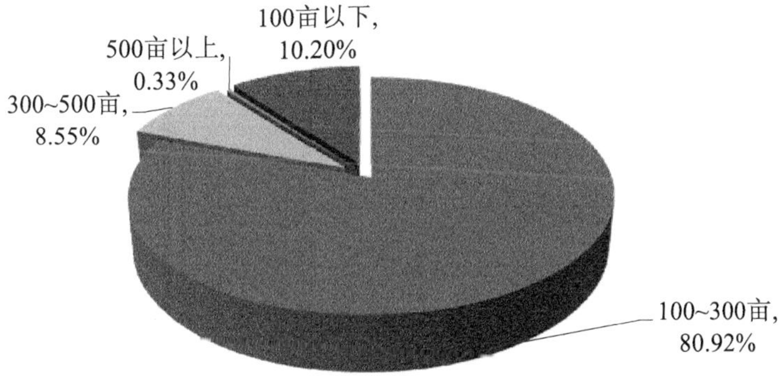

图 3-4　2015 年江苏省省级示范家庭农场经营规模分布情况

资料来源：根据江苏省农委农村经济体制与经营管理处提供的资料整理

江苏省三大区域省级示范家庭农场经营规模分布情况（表 3-13）。2015 年，全省 304 家省级示范家庭农场的户均经营规模为 208.09 亩。省级示范家庭农场的户均经营规模苏南最低，为 188.62 亩；苏中最高，为 235.01 亩；苏北居中，为 207.48 亩。苏南 101 家省级示范家庭农场中，经营规模 100 亩以下、100~300 亩、300~500 亩及 500 亩以上的分别有 18 家、79 家、3 家和 1家，对应的户均经营规模分别为 68.15 亩、206.92 亩、320.67 亩和 530.00 亩。苏中 76 家省级示范家庭农场中，经营规模 100 亩以下、100~300 亩以及 300~500

① 江苏省级示范家庭农场共 306 家，其中有 2 家从事畜禽养殖的家庭农场缺少经营规模数据，因此仅对另外 304 家家庭农场的经营规模情况进行了统计分析。

亩的分别有 3 家、65 家和 8 家，对应的户均经营规模分别为 84.33 亩、230.13 亩和 331.13 亩。苏北 127 家省级示范家庭农场中，经营规模 100 亩以下、100~300 亩和 300~500 亩的分别有 10 家、102 家和 15 家，对应的户均经营规模分别为 63.70 亩、203.90 亩和 327.65 亩。

表 3-13　2015 年江苏省三大区域省级示范家庭农场经营规模分布情况

区域	100 亩以下		100~300 亩		300~500 亩		500 亩以上		合计	
	数量/家	户均规模/亩	数量/家	户均规模/亩	数量/家	户均规模/亩	数量/家	户均规模/亩	数量/家	户均规模/亩
苏南	18	68.15	79	206.92	3	320.67	1	530.00	101	188.62
苏中	3	84.33	65	230.13	8	331.13	0	—	76	235.01
苏北	10	63.70	102	203.90	15	327.65	0	—	127	207.48
全省	31	68.38	246	211.74	26	327.91	1	530.00	304	208.09

资料来源：根据江苏省农委农村经济体制与经营管理处提供的资料整理

江苏省省级示范家庭农场的经营产业分布情况。如图 3-5 所示，2015 年江苏省级示范家庭农场中从事粮食种植的最多，有 173 家，占 56.54%；种植园艺果蔬的其次，有 56 家，占 18.30%；种养结合的再次，有 53 家，占 17.32%；水产和畜禽养殖的较少，分别有 18 家和 6 家，分别占 5.88%和 1.96%。

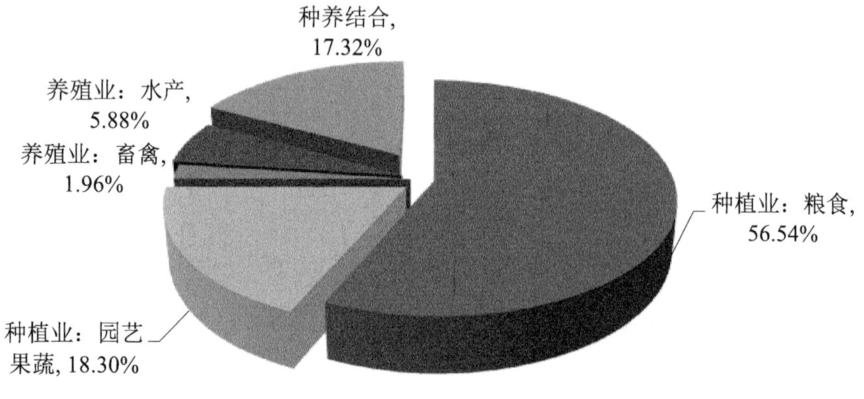

图 3-5　2015 年江苏省省级示范家庭农场经营产业分布情况

资料来源：根据江苏省农委农村经济体制与经营管理处提供的资料整理

江苏省三大区域省级示范家庭农场经营产业分布情况。2015 年，苏南省级示范家庭农场从事粮食种植、园艺果蔬种植、畜禽养殖、水产养殖和种养结合的分别有 47 家、17 家、1 家、12 家和 24 家，户均经营规模分别为 239.62 亩、124.30 亩、110.00 亩、121.58 亩和 171.07 亩。苏中省级示范家庭农场从事粮食种植、园艺果蔬种植、畜禽养殖、水产养殖和种养结合的分别有 60 家、6 家、1 家、2 家和 7 家，户均经营规模分别为 259.34 亩、131.33 亩、102.50 亩、204.50 亩和 142.94 亩。苏北省级示范家庭农场从事粮食种植、园艺果蔬种植、畜禽养殖、水产养殖和种养结合的分别有 66 家、33 家、2 家、4 家和 22 家，户均经营规模分别为 260.76 亩、125.83 亩、130.00 亩、180.00 亩和 182.12 亩（表 3-14）。

表 3-14 2015 年江苏省三大区域省级示范家庭农场经营产业分布情况

区域	种植业：粮食		种植业：园艺果蔬		养殖业：畜禽		养殖业：水产		种养结合		合计	
	数量/家	户均规模/亩	数量/家	户均规模/亩	数量/家	户均规模/亩	数量/家	户均规模/亩	数量/家	户均规模/亩	数量/家	户均规模/亩
苏南	47	239.62	17	124.30	1	110.00	12	121.58	24	171.07	101	188.62
苏中	60	259.34	6	131.33	1	102.50	2	204.50	7	142.94	76	235.01
苏北	66	260.76	33	125.83	2	130.00	4	180.00	22	182.12	127	207.48
合计	173	254.43	56	125.96	4	118.13	18	143.78	53	171.94	304[a]	208.09

资料来源：根据江苏省农委农村经济体制与经营管理处提供的资料整理

a.常州市有 2 家从事畜禽养殖的家庭农场缺少经营规模数据，因此仅对另外 304 家家庭农场的经营规模情况进行了统计分析

江苏省不同产业类型省级示范家庭农场经营规模分布情况。如表 3-15 所示，2015 年全省省级示范家庭农场从事粮食种植、园艺果蔬种植、畜禽养殖、水产养殖和种养结合的户均经营规模分别为 254.53 亩、125.96 亩、118.13 亩、143.78 亩和 171.94 亩。从产业类型来看，从事粮食种植的省级示范家庭农场经营规模分布在 100~300 亩和 300~500 亩，分别有 151 家和 22 家，户均经营规模分别为 234.70 亩和 328.84 亩；从事园艺果蔬种植的省级示范家庭农场经营规模在 100 亩以下、100~300 亩和 300~500 亩的分别有 17 家、38 家和 1 家，

户均经营规模分别为 68.79 亩、146.27 亩和 326.00 亩；从事畜禽养殖的省级示范家庭农场经营规模分布在 100 亩以下和 100~300 亩，分别有 1 家和 3 家，户均经营规模分别为 60.00 亩和 137.50 亩；从事水产养殖的省级示范家庭农场经营规模分布在 100 亩以下、100~300 亩和 300~500 亩，分别有 5 家、12 家和 1 家，户均经营规模分别为 67.68 亩、161.63 亩和 310.00 亩；从事种养结合的省级示范家庭农场经营规模分布在 100 亩以下、100~300 亩、300~500 亩和 500 亩以上，分别有 8 家、42 家、2 家和 1 家，户均经营规模分别为 68.59 亩、175.69 亩、327.69 亩和 530.00 亩。

表 3-15　2015 年江苏省不同产业类型省级示范家庭农场经营规模分布情况

产业	100 亩以下		100~300 亩		300~500 亩		500 亩以上		合计	
	数量/家	户均规模/亩	数量/家	户均规模/亩	数量/家	户均规模/亩	数量/家	户均规模/亩	数量/家	户均规模/亩
种植业：粮食	0	—	151	234.70	22	328.84	0	—	173	254.43
种植业：园艺果蔬	17	68.79	38	146.27	1	326.00	0	—	56	125.96
养殖业：畜禽	1	60.00	3	137.50	0	—	0	—	4	118.13
养殖业：水产	5	67.68	12	161.63	1	310.00	0	—	18	143.78
种养结合	8	68.59	42	175.69	2	327.69	1	530.00	53	171.94
合计	31	68.28	246	211.74	26	327.91	1	530.00	304	208.09

资料来源：根据江苏省农委农村经济体制与经营管理处提供的资料整理

5. 全省国家农业产业化示范基地情况

2015 年 11 月，农业部公布了监测合格、递补和认定国家农业产业化示范基地的名单。至此，江苏省共有 18 家国家级农业产业化示范基地，包括检测合格的 6 家第一批国家级农业产业化示范基地，7 家第二批国家级农业产业化示范基地，以及新认定的 5 家第三批国家农业产业化示范基地（表 3-16）。

表 3-16 2015 年江苏省国家级农业产业化示范基地名录

批次	国家级农业产业化示范基地名称	
第一批	江苏省沛县现代农业产业园区	江苏省海门现代农业产业园区
	宿迁运河湾现代农业产业园	江苏省兴化农副产品加工区
	江苏省太仓现代农业产业园区	江苏扬州宝应县宝应湖有机农业开发区
第二批	张家港市常阴沙农业产业化示范基地	海安县农业产业化示范基地
	东台市农业产业化示范基地	淮阴区农业产业化示范基地
	泰兴市农业产业化示范基地	溧水区白马农业产业化示范基地
	泗洪县农业产业化示范基地	
第三批	江苏省如皋市农业产业化示范基地	江苏省扬州市食品产业园农业产业化示范基地
	江苏省洪泽县农业产业化示范基地	江苏省建湖县农产品加工集中区农业产业化示范基地
	江苏省邳州市农业产业化示范基地	

资料来源：江苏省农业龙头企业网（2015）

四、农业生产经营主体区域比较

1. 苏南各市农业生产经营主体比较

（1）各类农业生产经营主体的总体情况

表 3-17 是 2014 年和 2015 年苏南各市各类农业生产经营主体总体情况。2014 年，苏南五市小农户数量由多到少依次为苏州、南京、常州、镇江和无锡，分别有 68.44 万户、58.58 万户、53.78 万户、47.81 万户和 45.16 万户。2014 年，苏州“名录内”合作社数量最多，为 1675 家；无锡最少，有 641 家。2015 年公布的省级示范家庭农场中，苏南共 103 家，其中南京和常州最多，均为 30 家；苏州最少，仅有 8 家。

表 3-17 2014 和 2015 年江苏省苏南各市各类农业生产经营主体总体情况

年份	生产经营主体	全省	苏南	南京	无锡	常州	苏州	镇江
2014	小农户/万户	1270.86	273.78	58.58	45.16	53.78	68.44	47.81
2014	“名录内”合作社/家	14525	5106	1212	641	669	1675	909
2015	省级示范家庭农场/家	306	103	30	14	30	8	21

资料来源：根据江苏省农村集体财务、资产与农经统计年报资料汇编（2014）及江苏省农业委员会农村经济体制与经营管理处、合作社指导处提供的资料计算

（2）各市小农户发展现状

表 3-18 是 2014 年苏南各市小农户及其家庭承包经营耕地情况。苏南各市小农户家庭承包经营耕地面积由高到低依次为南京（243.21 万亩）、苏州（216.13 万亩）、常州（167.72 万亩）、镇江（156.78 万亩）和无锡（120.99 万亩）。户均承包经营耕地面积除南京（4.15 亩）外，其他各市均低于苏南和全省平均水平，其中无锡户均承包经营耕地面积最低（2.68 亩）。

表 3-18　2014 年苏南各市小农户及其家庭承包经营耕地情况

区域	小农户/万户	家庭承包经营的耕地/万亩	户均承包经营耕地面积/亩
南京	58.58	243.21	4.15
无锡	45.16	120.99	2.68
常州	53.78	167.72	3.12
苏州	68.44	216.13	3.16
镇江	47.81	156.78	3.28
苏南	273.78	904.83	3.30
全省	1270.86	5065.97	3.99

资料来源：江苏省农村集体财务、资产与农经统计年报资料汇编（2014）

（3）各市农业合作社发展现状

表 3-19 是 2014 年苏南各市列入政府优先扶持农业合作社各种类型分布情况。苏南的 5106 家“名录内”合作社中，农民专业合作社、农地股份合作社、农村社区股份合作社和其他类型合作社的占比分别为 68.35%、18.63%、8.40%和 4.62%。农民专业合作社共有 3490 家，南京、无锡、常州、苏州和镇江分别占 24.84%、16.16%、17.74%、17.51%和 23.75%。农地股份合作社共有 951 家，其中，苏州最多（428 家），常州最少（42 家）。农村社区股份合作社共有 429 家，绝大多数都集中在苏州（424 家），南京和常州没有该类型的合作社。其他类型合作社共有 236 家，大多数分布在苏州（212 家）。

表 3-19　2014 年苏南各市政府优先扶持农业合作社各种类型分布情况

区域	农民专业合作社/家	农地股份合作社/家	农村社区股份合作社/家	其他类型合作社/家	合计/家
南京	867	337	0	8	1212
无锡	564	71	1	5	641
常州	619	42	0	8	669
苏州	611	428	424	212	1675
镇江	829	73	4	3	909
苏南	3490	951	429	236	5106
全省	12351	1470	458	246	14525

资料来源：根据江苏省农委合作社指导处提供的资料整理

（4）各市省级示范家庭农场发展现状

2015 年苏南省级示范家庭农场经营规模分布情况。苏南省级示范家庭农场共 103 家[①]，其中经营规模 100 亩以下、100~300 亩、300~500 亩和 500 亩以上的分别为 18 家、79 家、3 家和 1 家，分别占 17.82%、78.22%、2.97%和 0.99%（图 3-6）。

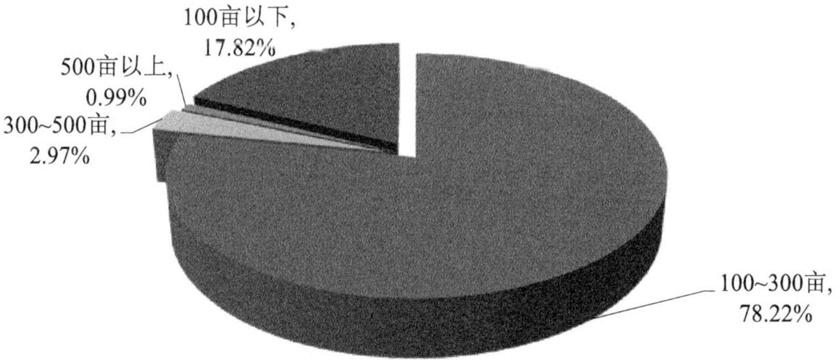

图 3-6　2015 年苏南省级示范家庭农场经营规模分布情况

资料来源：根据江苏省农委农村经济体制与经营管理处提供的资料整理

2015 年苏南各市省级示范家庭农场经营规模分布情况。如表 3-20 所示，

① 苏南省级示范家庭农场共 103 家，其中有 2 家从事畜禽养殖的家庭农场缺少经营规模数据，因此仅对另外 101 家家庭农场的经营规模情况进行了统计分析。

南京、无锡、常州、苏州和镇江省级示范家庭农场的户均经营规模分别为 204.29 亩、191.09 亩、199.33 亩、142.46 亩和 167.87 亩。南京 30 家省级示范家庭农场中，经营规模在 100 亩以下、100~300 亩和 300~500 亩的分别有 5 家、23 家和 2 家，户均经营规模分别为 72.16 亩、223.12 亩和 318.00 亩。无锡 14 家省级示范家庭农场中，经营规模在 100 亩以下、100~300 亩及 500 亩以上的分别有 3 家、10 家和 1 家，户均经营规模分别为 60.79 亩、196.30 亩和 530.00 亩。常州 28 家省级示范家庭农场中，经营规模在 100 亩以下、100~300 亩和 300~500 亩的分别有 3 家、24 家和 1 家，户均经营规模分别为 55.84 亩、221.98 亩和 326.00 亩。苏州 8 家省级示范家庭农场中，经营规模主要分布在 100 亩以下和 100~300 亩，各有 4 家，户均经营规模分别为 70.64 亩和 214.29 亩。镇江 21 家省级示范家庭农场中，经营规模在 100 亩以下和 100~300 亩的各有 3 家和 18 家，户均经营规模分别为 77.80 亩和 182.88 亩。

表 3-20 2015 年苏南各市省级示范家庭农场经营规模分布状况

区域	100 亩以下		100~300 亩		300~500 亩		500 亩以上		合计	
	数量/家	户均规模/亩	数量/家	户均规模/亩	数量/家	户均规模/亩	数量/家	户均规模/亩	数量/家	户均规模/亩
南京	5	72.16	23	223.12	2	318.00	0	—	30	204.29
无锡	3	60.79	10	196.30	0	—	1	530.00	14	191.09
常州	3	55.84	24	221.98	1	326.00	0	—	28	199.33
苏州	4	70.64	4	214.29	0	—	0	—	8	142.46
镇江	3	77.80	18	182.88	0	—	0	—	21	167.87
苏南	18	68.15	79	206.73	3	320.67	1	530.00	101	188.62

资料来源：根据江苏省农委农村经济体制与经营管理处提供的资料整理

2015 年苏南省级示范家庭农场经营产业分布情况。苏南从事粮食种植、园艺果蔬种植、水产养殖、畜禽养殖以及种养结合的省级示范家庭农场分别有 47 家、17 家、12 家、3 家和 24 家，分别占苏南总数的 45.63%、16.50%、11.65%、2.91%和 23.30%（图 3-7）。

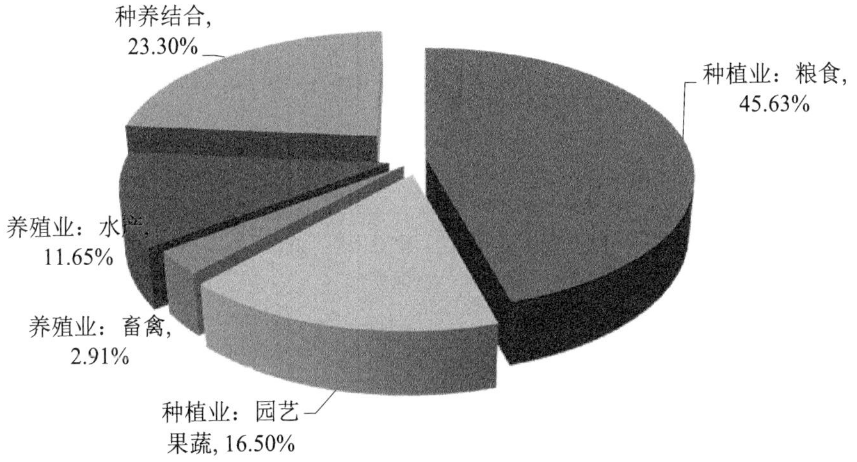

图 3-7　2015 年苏南省级示范家庭农场经营产业分布情况

资料来源：根据江苏省农委农村经济体制与经营管理处提供的资料整理

2015 年苏南各市省级示范家庭农场经营产业分布情况。如表 3-21 所示，南京 30 家省级示范家庭农场中，从事粮食种植、园艺果蔬种植、畜禽养殖、水产养殖和种养结合的分别有 17 家、3 家、1 家、5 家和 4 家，户均经营规模分别为 255.07 亩、140.27 亩、110.00 亩、114.60 亩和 172.18 亩。无锡 14 家省级示范家庭农场中，从事粮食种植、园艺果蔬种植、水产养殖和种养结合的分别有 4 家、3 家、1 家和 6 家，户均经营规模分别为 208.91 亩、99.57 亩、158.30 亩和 230.44 亩。常州 28 家省级示范家庭农场中，从事粮食种植、园艺果蔬种植、水产养殖和种养结合的分别有 14 家、6 家、2 家和 6 家，户均经营规模分别为 246.79 亩、142.25 亩、104.00 亩和 177.44 亩。苏州 8 家省级示范家庭农场中，从事粮食种植、园艺果蔬种植和种养结合的分别有 3 家、1 家和 4 家，户均经营规模分别为 250.72 亩、105.00 亩和 70.64 亩。镇江 21 家省级示范家庭农场中，从事粮食种植、园艺果蔬种植、水产养殖和种养结合的各有 9 家、4 家、4 家和 4 家，户均经营规模分别为 209.27 亩、108.75 亩、129.93 亩和 171.80 亩。

表 3-21　2015 年苏南各市省级示范家庭农场经营产业分布情况

区域	种植业：粮食		种植业：园艺果蔬		养殖业：畜禽		养殖业：水产		种养结合		合计	
	数量/家	户均规模/亩	数量/家	户均规模/亩	数量/家	户均规模/亩	数量/家	户均规模/亩	数量/家	户均规模/亩	数量/家	户均规模/亩
南京	17	255.07	3	140.27	1	110.00	5	114.60	4	172.18	30	204.29
无锡	4	208.91	3	99.57	0	—	1	158.30	6	230.44	14	191.09
常州	14	246.79	6	142.25	0	—	2	104.00	6	177.44	28	199.33
苏州	3	250.72	1	105.00	0	—	0	—	4	70.64	8	142.46
镇江	9	209.27	4	108.75	0	—	4	129.93	4	171.80	21	167.87
苏南	47	239.62	17	124.30	1	110.00	12	121.58	24	171.07	101	188.62

资料来源：根据江苏省农委农村经济体制与经营管理处提供的资料整理

2015 年苏南不同产业类型省级示范家庭农场经营规模分布情况。苏南省级示范家庭农场从事粮食种植、园艺果蔬种植、畜禽养殖、水产养殖和种养结合的户均经营规模分别为 239.62 亩、124.30 亩、110.00 亩、121.58 亩和 171.07 亩。47 家从事粮食种植的家庭农场中，经营规模分布在 100~300 亩和 300~500 亩的分别有 45 家和 2 家，户均经营规模分别为 236.14 亩和 318.00 亩。17 家从事园艺果蔬种植的家庭农场中，经营规模在 100 亩以下、100~300 亩和 300~500 亩的分别有 8 家、8 家和 1 家，户均经营规模分别为 68.68 亩、154.70 亩和 326.00 亩。1 家从事畜禽养殖的家庭农场，经营规模在 100~300 亩之间，户均经营规模为 110.00 亩。12 家从事水产养殖的家庭农场中，经营规模在 100 亩以下和 100~300 亩的各有 5 家和 7 家，户均经营规模分别为 67.68 亩和 160.09 亩。24 家从事种养结合的家庭农场中，经营规模在 100 亩以下、100~300 亩和 500 亩以上的分别有 5 家、18 家和 1 家，户均经营规模分别为 67.75 亩、179.83 亩和 530.00 亩（表 3-22）。

表 3-22　2015 年苏南不同产业类型省级示范家庭农场经营规模分布情况

产业	100 亩以下		100~300 亩		300~500 亩		500 亩以上		合计	
	数量/家	户均规模/亩	数量/家	户均规模/亩	数量/家	户均规模/亩	数量/家	户均规模/亩	数量/家	户均规模/亩
种植业：粮食	0	—	45	236.14	2	318.00	0	—	47	239.62
种植业：园艺果蔬	8	68.68	8	154.70	1	326.00	0	—	17	124.30
养殖业：畜禽	0	—	1	110.00	0	—	0	—	1	110.00
养殖业：水产	5	67.68	7	160.09	0	—	0	—	12	121.58
种养结合	5	67.75	18	179.83	0	—	1	530.00	24	171.07
合计	18	68.15	79	206.92	3	320.67	1	530.00	101	188.62

资料来源：根据江苏省农委农村经济体制与经营管理处提供的资料整理

2. 苏中各市农业生产经营主体比较

（1）各类农业生产经营主体的总体情况

表 3-23 是 2014 年和 2015 年苏中各市各类农业生产经营主体总体情况。2014 年，南通小农户数量最多，达 196.22 万户；扬州最少，仅为 79.21 万户。2014 年，泰州“名录内”合作社数量最多（1058 家），占比为 39.68%；扬州最少（676 家），占比为 25.36%。2015 年公布的省级示范家庭农场中，南通有 18 家，扬州和泰州一样多，均为 29 家。

表 3-23　2014 年和 2015 年江苏省苏中各市各类农业生产经营主体总体情况

年份	生产经营主体	全省	苏中	南通	扬州	泰州
2014	小农户/万户	1270.86	383.18	196.22	79.21	107.75
2014	“名录内”合作社/家	14525	2666	932	676	1058
2015	省级示范家庭农场/家	304	76	18	29	29

资料来源：江苏省农村集体财务、资产与农经统计年报资料汇编（2014）及江苏省农业委员会农村经济体制与经营管理处、合作社指导处提供的资料计算

（2）各市小农户发展现状

2014 年苏中各市小农户及其家庭承包经营耕地情况见表 3-24。与小农户数量排序一致，苏中小农户家庭承包经营耕地面积从大到小依次为南通（547.60 万亩）、泰州（339.45 万亩）和扬州（320.17 万亩）。户均承包经营

耕地面积除扬州（4.04 亩）外，南通和泰州均小于等于苏中和全省平均水平。

表 3-24 2014 年苏中各市小农户及其家庭承包经营耕地情况

区域	小农户/万户	家庭承包经营的耕地/万亩	户均承包经营耕地面积/亩
南通	196.22	547.60	2.79
扬州	79.21	320.17	4.04
泰州	107.75	339.45	3.15
苏中	383.18	1207.22	3.15
全省	1270.86	5065.97	3.99

资料来源：江苏省农村集体财务、资产与农经统计年报资料汇编（2014）

（3）各市农业合作社发展现状

表 3-25 是 2014 年苏中各市政府优先扶持农业合作社各种类型分布情况。苏中 2666 家“名录内”合作社中，农民专业合作社、农地股份合作社、农村社区股份合作社和其他类型合作社的占比分别为 93.44%、6.04%、0.34%和 0.19%。农民专业合作社共有 2491 家，南通、扬州、泰州分别占 35.05%、22.48%和 42.47%。农地股份合作社共有 161 家，主要分布在扬州（105 家）和南通（56 家）。农村社区股份合作社共有 9 家，全部分布在扬州。其他类型合作社共有 5 家，其中南通 3 家，扬州 2 家。

表 3-25 2014 年苏中各市政府优先扶持农业合作社各种类型分布情况

区域	农民专业合作社/家	农地股份合作社/家	农村社区股份合作社/家	其他类型合作社/家	合计/家
南通	873	56	0	3	932
扬州	560	105	9	2	676
泰州	1058	0	0	0	1058
苏中	2491	161	9	5	2666
全省	12351	1470	458	246	14525

资料来源：根据江苏省农委合作社指导处提供的资料整理

（4）各市省级示范家庭农场发展现状

2015 年苏中省级示范家庭农场经营规模分布情况。苏中省级示范家庭农场共 76 家，其中经营规模 100 亩以下、100~300 亩和 300~500 亩的分别有 3 家、65 家和 8 家，分别占 3.95%、85.53%和 10.52%（图 3-8）。

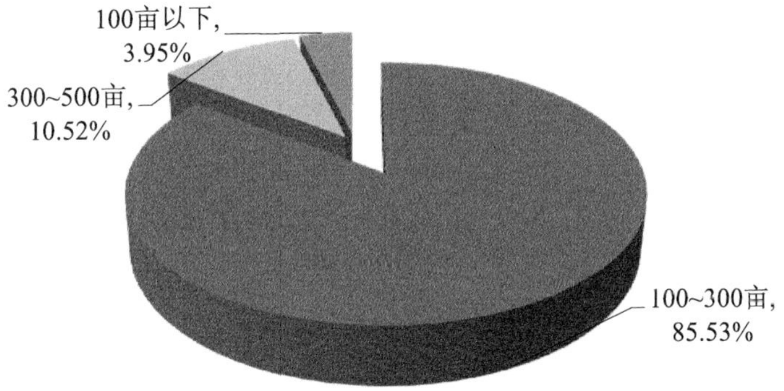

图 3-8　2015 年苏中省级示范家庭农场经营规模分布情况

资料来源：根据江苏省农委农村经济体制与经营管理处提供的资料整理

2015 年苏中各市省级示范家庭农场经营规模分布状况。如表 3-26 所示，苏中省级示范家庭农场的户均经营规模为 235.01 亩，南通、扬州和泰州分别为 207.50 亩、247.86 亩和 239.23 亩。南通 18 家省级示范家庭农场中，经营规模在 100 亩以下、100~300 亩和 300~500 亩分别有 2 家、15 家和 1 家，户均经营规模分别为 76.50 亩、218.13 亩和 310.00 亩。扬州 29 家省级示范家庭农场中，经营规模在 100 亩以下、100~300 亩和 300~500 亩分别有 1 家、22 家和 6 家，户均经营规模分别为 100.00 亩、231.77 亩和 331.50 亩。泰州 29 家省级示范家庭农场的经营规模集中分布在 100~300 亩和 300~500 亩，分别有 28 家和 1 家，户均经营规模分别为 235.27 亩和 350.00 亩。

表 3-26　2015 年苏中各市省级示范家庭农场经营规模分布状况

区域	100 亩以下		100~300 亩		300~500 亩		合计	
	数量/家	户均规模/亩	数量/家	户均规模/亩	数量/家	户均规模/亩	数量/家	户均规模/亩
南通	2	76.50	15	218.13	1	310.00	18	207.50
扬州	1	100.00	22	231.77	6	331.50	29	247.86
泰州	0	—	28	235.27	1	350.00	29	239.23
苏中	3	84.33	65	230.13	8	331.13	76	235.01

资料来源：根据江苏省农委农村经济体制与经营管理处提供的资料整理

2015 年苏中省级示范家庭农场经营产业分布情况。苏中从事粮食种植、园艺果蔬种植、水产养殖、畜禽养殖以及种养结合的省级示范家庭农场分别有 60 家、6 家、2 家、1 家和 7 家，分别占苏中省级示范家庭农场总数的 78.95%、7.89%、2.63%、1.32 和 9.21%（图 3-9）。

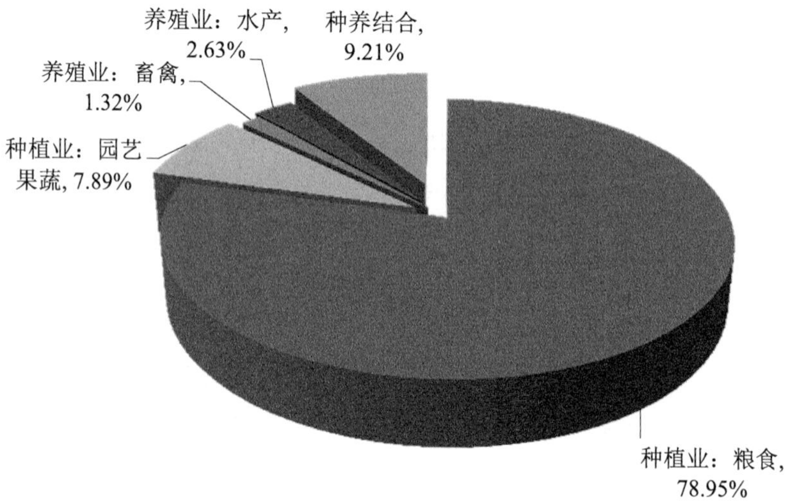

图 3-9　2015 年苏中省级示范家庭农场经营产业分布情况

资料来源：根据江苏省农委农村经济体制与经营管理处提供的资料整理

2015 年苏中各市省级示范家庭农场经营产业分布情况。如表 3-27 所示，南通 18 家省级示范家庭农场中，从事粮食种植、园艺果蔬种植和种养结合的分别有 13 家、4 家和 1 家，户均经营规模分别为 247.15 亩、104.50 亩和 104.00 亩。扬州 29 家省级示范家庭农场中，从事粮食种植、园艺果蔬种植、水产养殖和种养结合的分别有 21 家、2 家、2 家和 4 家，户均经营规模分别为 274.29 亩、185.00 亩、204.50 亩和 162.25 亩。泰州 29 家省级示范家庭农场中，从事粮食种植、畜禽养殖和种养结合的分别有 26 家、1 家和 2 家，户均经营规模分别为 253.36 亩、102.50 亩和 123.80 亩。

表 3-27　2015 年苏中各市省级示范家庭农场经营产业分布情况

区域	种植业：粮食		种植业：园艺果蔬		养殖业：畜禽		养殖业：水产		种养结合		合计	
	数量/家	户均规模/亩	数量/家	户均规模/亩	数量/家	户均规模/亩	数量/家	户均规模/亩	数量/家	户均规模/亩	数量/家	户均规模/亩
南通	13	247.15	4	104.50	0	—	0	—	1	104.00	18	207.50
扬州	21	274.29	2	185.00	0	—	2	204.50	4	162.25	29	247.86
泰州	26	253.36	0	—	1	102.50	0	—	2	123.80	29	239.23
苏中	60	259.34	6	131.33	1	102.50	2	204.50	7	142.94	76	235.01

资料来源：根据江苏省农委农村经济体制与经营管理处提供的资料整理

2015 年苏中不同产业类型省级示范家庭农场经营规模分布情况。苏中省级示范家庭农场从事粮食种植、园艺果蔬种植、畜禽养殖、水产养殖和种养结合的户均经营规模分别为 259.34 亩、131.33 亩、102.50 亩、204.50 亩和 142.94 亩。60 家从事粮食种植的家庭农场中，经营规模分布在 100~300 亩和 300~500 亩的分别有 52 家和 8 家，户均经营规模分别为 248.30 亩和 331.13 亩。6 家从事园艺果蔬种植的家庭农场中，经营规模分布在 100 亩以下和 100~300 亩的分别有 2 家和 4 家，户均经营规模分别为 76.50 亩和 158.75 亩。从事畜禽养殖的家庭农场只有 1 家，经营规模为 102.5 亩。2 家从事水产养殖的家庭农场，其经营规模分布在 100~300 亩，户均经营规模为 204.50 亩。7 家从事种养结合的家庭农场中，经营规模分布在 100 亩以下和 100~300 亩的分别有 1 家和 6 家，户均经营规模分别为 100.0 亩和 150.10 亩（表 3-28）。

表 3-28　2015 年苏中不同产业类型省级示范家庭农场经营规模分布情况

产业	100 亩以下		100~300 亩		300~500 亩		合计	
	数量/家	户均规模/亩	数量/家	户均规模/亩	数量/家	户均规模/亩	数量/家	户均规模/亩
种植业：粮食	0	—	52	248.30	8	331.13	60	259.34
种植业：园艺果蔬	2	76.50	4	158.75	0	—	6	131.33
养殖业：畜禽	0	—	1	102.50	0	—	1	102.50
养殖业：水产	0	—	2	204.50	0	—	2	204.50
种养结合	1	100.00	6	150.10	0	—	7	142.94
合计	3	84.33	65	230.13	8	331.13	76	235.01

资料来源：根据江苏省农委农村经济体制与经营管理处提供的资料整理

3. 苏北各市农业生产经营主体比较

（1）各类农业生产经营主体的总体情况

表3-29是2014和2015年苏北各市各类农业生产经营主体总体情况。2014年，盐城和徐州小农户数量较多，分别为174.39万户和166.05万户；其余三市数量相差不大，约为90万户左右。2014年，盐城“名录内”合作社数量最多，为1961家；淮安最少，为957家。2015年，徐州市省级示范家庭农场数量最多，有31家；盐城和宿迁其次，各有29家；连云港和淮安较少，各有19家。

表 3-29　2014 和 2015 年江苏省苏北各市各类农业生产经营主体总体情况

年份	生产经营主体	全省	苏北	徐州	连云港	淮安	盐城	宿迁
2014	小农户/万户	1270.86	612.85	166.05	86.61	90.26	174.39	95.54
2014	“名录内”合作社/家	14525	6753	1202	1478	957	1961	1155
2015	省级示范家庭农场/家	306	127	31	19	19	29	29

资料来源：江苏省农村集体财务、资产与农经统计年报资料汇编（2014）及江苏省农业委员会农村经济体制与经营管理处、合作社指导处提供的资料计算

（2）各市小农户发展现状

2014年苏北各市小农户及其家庭承包经营耕地情况如表3-30所示。苏北各市小农户家庭承包经营耕地面积从高到低依次为盐城（825.94万亩）、徐州（737.16万亩）、淮安（500.35万亩）、宿迁（495.56万亩）和连云港（388.48万亩）。苏北各市小农户户均承包经营耕地面积普遍较高，均高于全省平均水平。其中淮安最高，达5.54亩；徐州最低，也已达4.44亩。

表 3-30　2014 年苏北各市小农户及其家庭承包经营耕地情况

区域	小农户/万户	家庭承包经营的耕地/万亩	户均承包经营耕地面积/亩
徐州	166.05	737.16	4.44
连云港	86.61	388.48	4.49
淮安	90.26	500.35	5.54

续表

区域	小农户/万户	家庭承包经营的耕地/万亩	户均承包经营耕地面积/亩
盐城	174.39	825.94	4.74
宿迁	95.54	495.56	5.19
苏北	612.85	2947.49	4.81
全省	1270.86	5065.97	3.99

资料来源：江苏省农村集体财务、资产与农经统计年报资料汇编（2014）

（3）各市农业合作社发展现状

表3-31是2014年苏北各市政府优先扶持农业合作社各种类型分布情况。苏北“名录内”合作社共6753家，其中，农民专业合作社、农地股份合作社、农村社区股份合作社和其他类型合作社的占比分别为94.33%、5.30%、0.30%和0.07%。农民专业合作社有6370家，徐州、连云港、淮安、盐城和宿迁分别占18.65%、22.48%、14.82%、27.39%和16.66%。农地股份合作社共有358家，其中，盐城最多（200家），徐州最少（10家）。农村社区股份合作社有20家，其中盐城16家，徐州4家。其他类型合作社有5家，连云港和宿迁各有2家，淮安有1家。

表3-31　2014年苏北各市政府优先扶持农业合作社各种类型分布情况

区域	农民专业合作社/家	农地股份合作社/家	农村社区股份合作社/家	其他类型合作社/家	合计/家
徐州	1188	10	4	0	1202
连云港	1432	44	0	2	1478
淮安	944	12	0	1	957
盐城	1745	200	16	0	1961
宿迁	1061	92	0	2	1155
苏北	6370	358	20	5	6753
全省	12351	1470	458	246	14525

资料来源：根据江苏省农委合作社指导处提供的资料整理

（4）各市省级示范家庭农场发展现状

2015 年苏北省级示范家庭农场经营规模分布情况。苏北省级示范家庭农场共有 127 家，其中经营规模 100 亩以下、100~300 亩和 300~500 亩分别占 7.88%、80.31%和 11.81%。苏北绝大多数省级示范家庭农场的经营规模为 100~300 亩（图 3-10）。

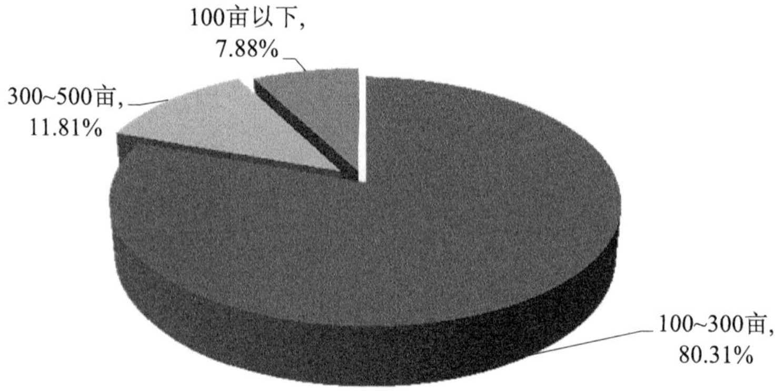

图 3-10　2015 年苏北省级示范家庭农场经营规模分布情况

资料来源：根据江苏省农委农村经济体制与经营管理处提供的资料整理

2015 年苏北各市省级示范家庭农场经营规模分布状况。如表 3-32 所示，徐州、连云港、淮安、盐城和宿迁省级示范家庭农场的户均经营规模分别为 168.63 亩、245.71 亩、197.78 亩、226.45 亩和 211.34 亩。徐州 31 家省级示范家庭农场的经营规模分布在 100 亩以下和 100~300 亩，分别有 6 家和 25 家，户均经营规模分别为 57.33 亩和 195.34 亩。连云港 19 家省级示范家庭农场中，经营规模在 100 亩以下、100~300 亩和 300~500 亩的分别有 1 家、16 家和 2 家，户均经营规模分别为 50.00 亩、246.97 亩和 333.50 亩。淮安 19 家省级示范家庭农场中，经营规模在 100 亩以下、100~300 亩和 300~500 亩的分别有 1 家、17 家和 1 家，户均经营规模分别为 53.00 亩、199.70 亩和 310.00 亩。盐城 29 家省级示范家庭农场的经营规模分布在 100~300 亩和 300~500 亩，各有 19 家和 10 家，户均经营规模分别为 171.12 亩和 331.60 亩。宿迁 29 家省级示范家庭农场中，经营规模在 100 亩以下、100~300 亩和 300~500 亩的分别有 2 家、

25家和2家，户均经营规模分别为95.00亩、212.68亩和310.90亩。

表3-32　2015年苏北各市省级示范家庭农场经营规模分布状况

区域	100亩以下		100~300亩		300~500亩		合计	
	数量/家	户均规模/亩	数量/家	户均规模/亩	数量/家	户均规模/亩	数量/家	户均规模/亩
徐州	6	57.33	25	195.34	0	—	31	168.63
连云港	1	50.00	16	246.97	2	333.50	19	245.71
淮安	1	53.00	17	199.70	1	310.00	19	197.78
盐城	0	—	19	171.12	10	331.60	29	226.45
宿迁	2	95.00	25	212.68	2	310.90	29	211.34
苏北	10	63.70	102	203.90	15	327.65	127	207.48

资料来源：根据江苏省农委农村经济体制与经营管理处提供的资料整理

2015年苏北省级示范家庭农场经营产业分布情况。苏北从事粮食种植、园艺果蔬种植、水产养殖、畜禽养殖以及种养结合的省级示范家庭农场分别占苏北总数的51.97%、25.98%、3.15%、1.57%和17.32%。省级示范家庭农场有半数以上从事粮食种植（图3-11）。

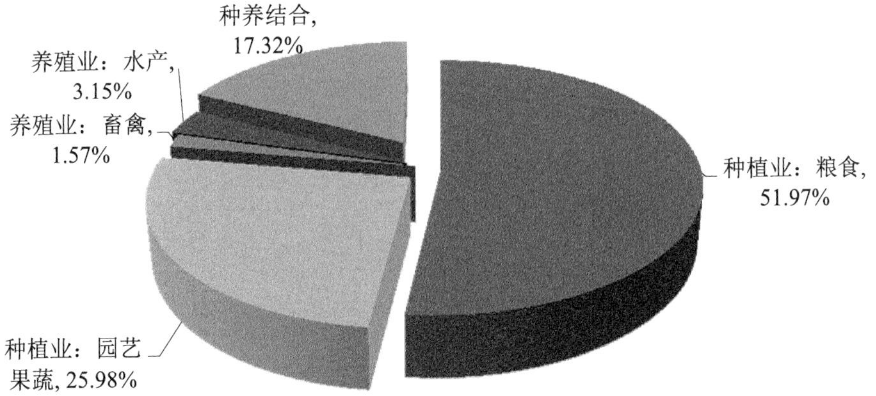

图3-11　2015年苏北省级示范家庭农场经营产业分布情况

资料来源：根据江苏省农委农村经济体制与经营管理处提供的资料整理

2015年苏北各市省级示范家庭农场经营产业分布情况。如表3-33所示，徐州31家省级示范家庭农场中，从事粮食种植、园艺果蔬种植、畜禽养殖和种养结合的分别有 14 家、11 家、1 家和 5 家，户均经营规模分别为 233.02 亩、121.28 亩、60.00 亩和 114.20 亩。连云港 19 家省级示范家庭农场中，从事粮食种植、园艺果蔬种植和种养结合的分别有 10 家、1 家和 8 家，户均经营规模分别为 266.20 亩、50.00 亩和 244.56 亩。淮安 19 家省级示范家庭农场中，从事粮食种植、园艺果蔬种植、水产养殖和种养结合的分别有 10 家、7 家、1 家和 1 家，户均经营规模分别为 247.04 亩、124.64 亩、310.00 亩和 105.00 亩。盐城 29 家省级示范家庭农场中，从事粮食种植、园艺果蔬种植、畜禽养殖和种养结合的分别有 15 家、7 家、1 家和 6 家，户均经营规模分别为 290.53 亩、135.86 亩、200.00 亩和 176.36 亩。宿迁 29 家省级示范家庭农场中，从事粮食种植、园艺果蔬种植、水产养殖和种养结合的分别有 17 家、7 家、3 家和 2 家，户均经营规模分别为 262.22 亩、135.00 亩、136.67 亩和 158.00 亩。

表 3-33　2015 年苏北各市省级示范家庭农场经营产业分布情况

区域	种植业：粮食		种植业：园艺果蔬		养殖业：畜禽		养殖业：水产		种养结合		合计	
	数量/家	户均规模/亩	数量/家	户均规模/亩	数量/家	户均规模/亩	数量/家	户均规模/亩	数量/家	户均规模/亩	数量/家	户均规模/亩
徐州	14	233.02	11	121.28	1	60.00	0	—	5	114.20	31	168.63
连云港	10	266.20	1	50.00	0	—	0	—	8	244.56	19	245.71
淮安	10	247.04	7	124.64	0	—	1	310.00	1	105.00	19	197.78
盐城	15	290.53	7	135.86	1	200.00	0	—	6	176.36	29	226.45
宿迁	17	262.22	7	135.00	0	—	3	136.67	2	158.00	29	211.34
苏北	66	260.76	33	125.83	2	130.00	4	180.00	22	182.12	127	207.48

资料来源：根据江苏省农委农村经济体制与经营管理处提供的资料整理

2015 年苏北不同产业类型省级示范家庭农场经营规模分布情况。苏北省级示范家庭农场从事粮食种植、园艺果蔬种植、畜禽养殖、水产养殖和种养结合的户均经营规模分别为 260.76 亩、125.83 亩、130.00 亩、180.00 亩和 182.12 亩。66 家从事粮食种植的家庭农场中，经营规模分布在 100~300 亩和 300~500

亩的分别有 54 家和 12 家，户均经营规模分别为 245.58 亩和 329.11 亩。33 家从事园艺果蔬种植的家庭农场，经营规模分布在 100 亩以下和 100~300 亩的分别有 7 家和 26 家，户均经营规模分别为 66.71 亩和 141.75 亩。从事畜禽养殖的共有 2 家，一家的经营规模为 60.00 亩，另一家为 200.00 亩。4 家从事水产养殖的家庭农场，经营规模分布在为 100~300 亩和 300~500 亩的分别有 3 家和 1 家，户均经营规模分别为 136.67 亩和 310.00 亩。22 家从事种养结合的家庭农场，经营规模分布在 100 亩以下、100~300 亩和 300~500 亩的分别有 2 家、18 家和 2 家，户均经营规模分别为 55.00 亩、180.07 亩和 327.69 亩（表 3-34）。

表 3-34　2015 年苏北不同产业类型省级示范家庭农场经营规模分布情况

产业	100 亩以下		100~300 亩		300~500 亩		合计	
	数量/家	户均规模/亩	数量/家	户均规模/亩	数量/家	户均规模/亩	数量/家	户均规模/亩
种植业：粮食	0	—	54	245.58	12	329.11	66	260.76
种植业：园艺果蔬	7	66.71	26	141.75	0	—	33	125.83
养殖业：畜禽	1	60.00	1	200.00	0	—	2	130.00
养殖业：水产	0	—	3	136.67	1	310.00	4	180.00
种养结合	2	55.00	18	180.07	2	327.69	22	182.12
合计	10	63.70	102	203.9	15	327.65	127	207.48

资料来源：根据江苏省农委农村经济体制与经营管理处提供的资料整理

第四章　江苏农产品生产发展报告

一、农产品生产新动向

2014年，江苏省各地按照中央和省委、省政府关于加强“三农”工作的决策部署，认真落实强农惠农富农政策，深化拓展农业现代化工程，积极谋划推进农村改革，全省农业农村经济继续保持良好发展势头。

一是保障粮食等主要农产品有效供给。组织实施高产增效模式创建和攻关、扶持畜牧生产、加强绿色蔬菜基地建设等一系列项目，采取打好夏粮丰收攻坚战、引导合理安排生产、加强统防统治、打好防疫战等一系列举措，全力抓好米袋子、菜篮子工程，保障粮食、蔬菜等农产品的生产和供给。积极应对农产品市场环境多变等严峻考验，大力发展设施园艺标准化温室大棚、“两网一灌”，推进标准化生态健康养殖创建，发展农产品电子商务，强化市场监测预警和产销对接，加强国家现代农业示范区和省级现代农业产业园区、农产品集中加工区、出口农产品基地建设，深化龙头企业运行质量提升行动（中国共产党新闻网，2014）。

二是推进“菜篮子”基地建设。2014年江苏省拟支持南京市栖霞区等50个县（市、区）蔬菜基地建设，从2014年起，原则上按一个主体牵头、分子项目实施的方式进行管理，单个农户补贴面积一般不超过30亩。省级财政资金支持发展设施装备，提升基地蔬菜生产能力与科技水平。重点发展防虫网、遮阳网、喷滴灌、水肥一体化应用、杀虫灯等生产设施。江苏省对蔬菜基地实行一次性补助，具体补助标准分为两档：规划面积在1万亩以下的基地补助300万元；1万亩以上的基地补助500万元。补助资金采取项目化管理、先建后补的方式，项目资金分两年下达，2014年先拨付该基地省补资金总额的 50%，剩余资金待 2015 年项目验收合格后再行拨付（江苏农业网，2014）。

三是出台强农惠农富农主要政策。①粮食最低收购价政策。从 2014 年新粮上市起，白小麦、红小麦、混合麦最低收购价格每斤提高到 1.18 元，比 2013 年提高 0.06 元；早籼稻、中晚籼稻、粳稻最低收购价格每斤分别提高到 1.35 元、1.38 元、1.55 元，比 2013 年分别提高 0.03 元、0.03 元、0.05 元。②粮食直补和农资综合补贴政策。粮食直补和农资综合补贴均按照核定到户的面积进行补贴，水稻直补每亩补贴 20 元，农资综合直补每亩补贴 103.4 元。③种植业良种补贴政策。良种补贴坚持政策公开、全面覆盖、直补到户的原则。一是政策公开。向社会公开补贴政策和办法，公示补贴农户、补贴标准、补贴面积、补贴金额等，操作全过程透明。二是全面覆盖。对种植水稻、玉米、棉花、小麦、油菜的农户按照种植面积全部进行补贴。三是直补到户。补贴资金通过“一折通”直接发放到户，确保农民受益。补贴标准为水稻、棉花每亩 15 元，玉米、小麦、油菜每亩 10 元。④农机具购置补贴政策。2014 年省财政安排农机购置补贴资金 1.5 亿元，并积极争取中央资金，对农民购买农机具实施财政补贴，重点补贴农作物生产环节急需的农业机械，同时围绕现代高效农业，扩大对资源节约型和环境友好型等农业机械的补贴范围。农机具购置补贴确定了耕整地机械、种植施肥机械等 12 大类 50 个品目的农机具。⑤农业保险补贴政策。2014 年江苏省继续实行财政对农业保险保费的补贴政策：对水稻、小麦、棉花、玉米和油菜保险，财政补贴不低于 70%；其中，中央财政补贴 35%，省财政补贴 25%，差额部分由市、县财政予以补贴。对其他种植、养殖参保品种以及高效设施农业参保品种，省财政保费补贴标准为苏南 20%、苏中 30%、苏北 50%；对兼用型拖拉机交强险、联合收割机三责险、运输型拖拉机交强险、驾驶员意外险，省财政对苏南、苏中、苏北地区补贴比例分别为 20%、30%、50%（苏州农业信息网，2014）。

四是加强以水利为重点的农业基础设施建设。①支持小农水重点县建设。2014 年江苏省财政安排小农水建设资金 9 亿元，主要用于中央财政小农水重点县省级配套，重点支持各重点县开展小型水源、灌溉渠系、高效节水灌溉等工程建设。②农村河道疏浚整治。2014 年江苏省财政安排农村河道疏浚整治资金 5.3 亿元，依据规划对全省农村河道疏浚和村庄河塘整治予以补助、农村河道长效管护奖补等，以整治农村水环境、改善农民群众生产、生活条件为目标，按照“河畅、水清、岸绿、景美”的要求，实行集中连片治理，整乡整村推进，提高和恢复河道功能，同时，加快建立健全河道管护机制，确保工程长期发挥效益（江苏省财政厅，2014）。

五是推进农业科技创新与推广体系建设。①推进农业三新工程建设。安排农业三新工程资金 3.7 亿元，对江苏省农业技术推广机构等多元化农业社会化服务组织、农业专业合作社、家庭农场等新型经营主体，开展农业重大技术集成推广项目、农业新品种新技术新模式推广项目、现代农业科技综合示范推广项目（粮食、蔬菜品种与技术对比示范推广）等给予补助。围绕全省农业主导产业，实施农业重大技术推广计划，推进农业新品种、新技术、新模式更新工程建设，重点推广农业重大技术，推进重大技术推广全覆盖。②推进农业科技自主创新项目建设。安排农业科技自主创新资金 1.45 亿元，对江苏省内各涉农科教单位、部分农业高新技术企业开展江苏特色产业技术体系项目、现代农业关键技术创新项目、模式创新项目和科研设施平台建设给予支持，支持方式为江苏特色产业技术体系项目通过委托方式，滚动支持；其他类项目按照指南申报、专家评审、竞争立项和择优选择（江苏省财政厅，2014）。

六是构建现代农业生产体系。①推进现代农业产业化经营。整合高效设施农业、农业产业化经营、农业专业合作组织、土地规模流转等资金 21.6 亿元，对种养殖大户、家庭农场、农民专业合作组织、农业产业化龙头企业、村级集体经济组织、农业园区等开展设施园艺、规模畜禽基地、农业出口示范区（基地）、休闲观光农业、农业产业化经营等农业基础设施和生产设施、公共服务平台建设以及合作组织服务能力提升等给予补助，支持方式为项目申报，竞争立项，定额补助。②推进现代农业服务体系建设。2014 年江苏省财政安排 4.14 亿元，支持粮食高产创建、农业信息工程、农村经营管理、“五有”乡镇农技推广综合服务中心建设、海监渔政执法和安全监管、农机服务体系建设等（江苏省财政厅，2014）。

七是推进农产品质量安全建设。2014 年省财政安排 2.35 亿元，对全省乡镇农产品质量安全监管站、农产品质量检测机构、“三品一标”获证单位、农产品质量追溯管理生产单位、市县农业行政主管部门等开展乡镇农产品质量安全监管能力提升项目建设、省级农产品质量安全监测、“三品一标”获证、农产品质量追溯管理应用、年度考核奖励和省级农产品质量安全形势分析、督查巡查等工作予以补助。补助方式为“三品一标”补助和乡镇农产品质量安全监管能力提升项目采取因素分配下达；农产品质量追溯管理应用补助采取项目申报形式，竞争立项；考核奖补等（江苏省财政厅，2014）。2014 年江苏省深入推进农业标准化生产，加强农产品质量安全监管，推广使用安全监管信息系统，组织开展农药及农药使用、“瘦肉精”、生鲜乳违禁物、农资打假等六项专项整治活动。

八是实施高效设施农业转型升级三大工程。①绿色蔬菜基地建设工程。以“菜篮子”工程蔬菜生产基地建设为重点，全面推进蔬菜生产规模化、设施化、标准化，提升全省蔬菜生产能力和产品质量安全水平。进一步集聚各部门项目资源，加大资金投入，高标准、高质量地建好 137 个、面积 150 万亩“菜篮子”工程永久蔬菜基地。②设施农业集中区建设工程。鼓励有条件的乡镇、村，按照“钢架大棚集中连片 500 亩以上，日光温室或连栋大棚 300 亩以上”要求，推行“六统一自”的发展模式，组织分散农户开展设施农业集中区建设。“六统”，即在设施农业集中区内统一建设规划，推动资源要素集中投入；统一土地流转，形成区域共同发展氛围；统一基础设施建设，实现沟渠路水电基础设施集中配套；统一补贴标准，以利公平公正；统一种苗供应，保证种苗质量和集中生产；统一技术指导，强化生产全程技术服务。“一自”，即在设施农业集中区农民自建自种，推进农民自主创业。从 2014 年开始，全省每年推进 150 个设施农业集中区建设，省里将对设施农业集中区进行登记，并进行长期跟踪管理。③园艺作物标准园高效创建工程。立足

“规模化种植、标准化生产、商品化处理、产业化经营、品牌化销售”，深入推进园艺作物标准园建设。开展设施农业“1+1”高效创建活动，组织市县农技推广部门与标准园挂钩，大力推广设施农业新品种、新技术、新模式、新装备展示与应用，形成“四个一批”，即推广应用一批设施农业高效生产技术与模式，总结一批规范化的生产技术规程，培育发展一批品牌化园艺产品，规范壮大一批专业化服务组织，提高标准园综合生产能力与生产效益（江苏农业网，2014）。

二、农产品生产发展趋势

2012~2014 年，江苏省农业总产值继续保持增长，农作物播种面积总量略有上升，种植结构有所调整，主要农作物单产有所增加，农业现代化水平不断提高，高效设施农业规模继续扩大。

1. 农业总产值

如表 4-1 所示，江苏省农业总产值呈现逐年递增的趋势。2012~2014 年，全省农业总产值从 2012 年的 2966.72 亿元增加到 2014 年的 3187.52 亿元，增加了 220.80 亿元，年均增长率达 3.65%；其占农林牧渔业总产值的比重从 2012 年的 51.07%增加到 2014 年的 51.91%，增加了 0.84 个百分点。

表 4-1　2012~2014 年江苏省农业总产值（以 2012 年当年价格计算）

年份	农林牧渔业总产值/亿元	农业总产值	
		数量/亿元	占比/%
2012	5808.81	2966.72	51.07
2013	5956.93	3063.89	51.43
2014	6140.64	3187.52	51.91

资料来源：江苏省农村统计年鉴（2013~2015）

如表 4-2 所示，江苏省三大区域农业总产值也都呈现逐年递增趋势。2012~2014 年，苏南、苏中和苏北农业总产值分别增加了 48.05 亿元、43.60 亿元和 117.56 亿元，其占农林牧渔业总产值的比重也分别增加了 0.83、0.76

和 0.88 个百分点。

表 4-2　2012~2014 年江苏省三大区域农业总产值（以 2012 年当年价格计算）

区域	年份	农林牧渔业总产值/亿元	农业总产值	
			数量/亿元	占比/%
苏南	2012	1276.48	645.61	50.58
	2013	1309.03	666.76	50.94
	2014	1349.40	693.66	51.41
苏中	2012	1240.05	585.82	47.24
	2013	1271.67	605.01	47.58
	2014	1311.31	629.42	48.00
苏北	2012	2936.14	1579.59	53.80
	2013	3011.01	1631.33	54.18
	2014	3103.87	1697.15	54.68

资料来源：江苏省农村统计年鉴（2013~2015）

注：表 4-1 的省级数据为抽样调查直接推算数，故与此处三大区域之和不相等。由于三大区域的农林牧渔总产值指数缺失，故此处用江苏省农林牧渔业总产值指数推算得出

2. 农作物播种面积与产量

如表 4-3 和 4-4 所示，2012~2014 年江苏省农作物总播种面积呈现小幅波动，先从 2012 年的 7651.57 千公顷增加到 2013 年的 7683.64 千公顷，后又减少到 2014 年的 7678.63 千公顷。具体到各主要农作物品种，2012~2014 年，粮食、蔬菜（含菜用瓜）和瓜类（果用瓜）播种面积和总产量均逐年小幅上升；棉花（皮棉）播种面积和总产量逐年下降，其中 2012~2013 年大幅下降；油料播种面积和总产量 2012~2013 年大幅度上升，但 2013~2014 年却略有下降；麻类播种面积和总产量 2012~2013 年基本保持不变，但 2013~2014 年却大幅下降；糖料播种面积和总产量 2012~2013 年略有下降，但 2013~2014 年又略有回升，播种面积尚未达到 2012 年的水平，但总产量已经突破 2012 年的水平；烟叶播种面积和总产量 2012~2013 年略有下降，但 2013~2014 年保持不变。

表 4-3　2012~2014 年江苏省主要农作物的播种面积与总产量

年份	播种面积/千公顷	粮食		棉花（皮棉）		油料	
		播种面积/千公顷	总产量/万吨	播种面积/千公顷	总产量/万吨	播种面积/千公顷	总产量/万吨
2012	7651.57	5336.57	3372.48	527.67	146.95	170.63	22.04
2013	7683.64	5360.78	3422.98	155.22	20.93	518.28	150.37
2014	7678.63	5376.07	3490.62	131.81	15.95	499.20	146.60

资料来源：江苏省农村统计年鉴（2013~2015）

表 4-4　2012~2014 年江苏省其他农作物的播种面积与总产量

年份	蔬菜（含菜用瓜）		瓜类（果用瓜）		麻类		糖料		烟叶	
	播种面积/千公顷	总产量/万吨	播种面积/千公顷	总产量/万吨	播种面积/千公顷	总产量/万吨	播种面积/千公顷	总产量/万吨	播种面积/千公顷	总产量/万吨
2012	1323.41	4984.60	143.47	514.75	0.73	0.20	1.65	9.75	0.04	0.01
2013	1354.94	5237.78	145.28	539.61	0.72	0.19	1.59	9.56	0.02	0.0034
2014	1372.39	5416.97	149.86	555.46	0.48	0.14	1.64	10.11	0.02	0.0034

资料来源：江苏省农村统计年鉴（2013~2015）

如表 4-5 所示，2012~2014 年，粮食、油料、蔬菜（含菜用瓜）和糖料单产逐年增加；棉花（皮棉）和瓜类（果用瓜）单产 2012~2013 年有所上升，但 2013~2014 年有所下降；麻类单产 2012~2013 年有所降低，但 2013~2014 年有所提高；烟叶单产 2012~2013 年有所下降，但 2013~2014 年保持不变。

表 4-5　2012~2014 年江苏省农作物单位面积产量　（单位：公斤/公顷）

年份	粮食	棉花（皮棉）	油料	蔬菜（含菜用瓜）	瓜类（果用瓜）	麻类	糖料	烟叶
2012	6320	1292	2785	37665	35879	2758	59110	2025
2013	6385	1349	2901	38657	37143	2644	60122	1700
2014	6493	1210	2937	39501	37065	2842	61637	1700

资料来源：江苏省农村统计年鉴（2013~2015）

如表 4-6 和 4-7 所示，2012~2014 年，江苏省三大区域农作物总播种面积呈现小幅变动。苏南农作物总播种面积逐年减少，从 2012 年的 1240.90 千公顷减少到 2014 年的 1209.77 千公顷；苏中、苏北农作物总播种面积呈现先增后减的趋势，先分别从 2012 年的 1934.95 千公顷、4707.02 千公顷增加到 2013 年的 1936.12 千公顷、4720.59 千公顷，后又分别减少到 2014 年的 1928.46 千公顷、4710.49 千公顷。具体到各主要农作物品种，苏南粮食、棉花和麻类播种面积和总产量均逐年小幅下降；而瓜类（果用瓜）播种面积和总产量却逐年小幅上升；油料播种面积逐年小幅减少，但总产量却逐年小幅提高；糖料播种面积和总产量呈现先降后升的特征；此外苏南没有种植烟叶。苏中粮食播种面积逐年小幅下降，但总产量却逐年小幅增加；棉花播种面积和总产量均逐年减少；而蔬菜（含菜用瓜）、瓜类（果用瓜）和糖类播种面积和总产量却逐年小幅上升；油料播种面积和总产量呈现先增后减的特征；此外苏中没有种植麻类和烟叶。苏北粮食播种面积逐年上升，但总产量在 2012~2013 年略有下降，在 2013~2014 年有所增加；棉花播种面积和总产量均逐年下降；但蔬菜（含菜用瓜）和瓜类（果用瓜）播种面积和总产量却逐年增加；油料、麻类和糖料播种面积和总产量均呈现小幅波动；此外，苏北是全省唯一种植烟叶的地区，2012~2013 年播种面积减少了一半，总产量降低了 58.02%，而 2013~2014 年播种面积和总产量均保持不变。

表 4-6　2012~2014 年江苏省三大区域主要农作物的播种面积与总产量

区域	年份	播种面积/千公顷	粮食		棉花（皮棉）		油料	
			播种面积/千公顷	总产量/万吨	播种面积/千公顷	总产量/万吨	播种面积/千公顷	总产量/万吨
苏南	2012	1240.90	770.89	556.07	6.31	0.78	103.12	23.52
	2013	1222.38	754.64	549.22	5.80	0.68	102.17	24.16
	2014	1209.77	740.77	540.55	5.44	0.66	101.05	24.55
苏中	2012	1934.95	1380.14	965.09	56.49	7.55	203.93	58.23
	2013	1936.12	1377.99	972.34	53.17	6.93	204.76	60.7
	2014	1928.46	1376.58	976.64	47.68	5.72	198.38	59.00
苏北	2012	4707.02	3419.12	2350.64	114.39	15.17	211.76	68.06
	2013	4720.59	3431.11	2329.38	96.17	13.87	203.92	68.20
	2014	4710.49	3448.86	2387.92	73.66	9.92	192.19	65.62

资料来源：江苏省农村统计年鉴（2013~2015）

注：表 4-3 的省级数据为抽样调查直接推算数，故与此处三大区域之和不相等

表 4-7　2012~2014 年江苏省三大区域其他农作物的播种面积与总产量

区域	年份	蔬菜（含菜用瓜）		瓜类（果用瓜）		麻类		糖料		烟叶	
		播种面积/千公顷	总产量/万吨	播种面积/千公顷	总产量/万吨	播种面积/千公顷	总产量/万吨	播种面积/千公顷	总产量/万吨	播种面积/千公顷	总产量/万吨
苏南	2012	266.60	834.09	25.68	79.80	0.71	0.17	0.44	2.10	—	—
	2013	266.42	864.48	26.74	82.82	0.67	0.16	0.41	1.93	—	—
	2014	266.79	878.99	27.49	86.18	0.46	0.12	0.42	2.03	—	—
苏中	2012	245.68	812.18	18.97	65.98	—	—	1.07	7.02	—	—
	2013	250.60	844.82	19.16	68.42	—	—	1.08	7.20	—	—
	2014	256.10	871.05	20.13	72.90	—	—	1.11	7.55	—	—
苏北	2012	811.13	3338.33	98.82	368.98	0.02	0.03	0.14	0.63	0.04	0.0081
	2013	837.92	3528.48	99.38	388.37	0.05	0.03	0.10	0.43	0.02	0.0034
	2014	842.06	3627.35	102.24	396.38	0.02	0.02	0.11	0.53	0.02	0.0034

资料来源：江苏省农村统计年鉴（2013~2015）

注：表 4-4 的省级数据为抽样调查直接推算数，故与此处三大区域之和不相等

如表 4-8 所示，2012~2014 年，苏南粮食、油料和蔬菜（含菜用瓜）单产均逐年增加；而棉花（皮棉）、瓜类（果用瓜）、麻类和糖料单产则呈现先降后升的趋势。苏中粮食、油料、蔬菜（含菜用瓜）、瓜类（果用瓜）和糖料单产均有所提升；但棉花单产却逐年降低。苏北粮食、麻类和糖料单产呈现先减后增的特征；而棉花（皮棉）和瓜类（果用瓜）单产却呈现先增后减的趋势；油料和蔬菜（含菜用瓜）单产逐年增加；此外烟叶单产 2012~2013 年有所下降，2013~2014 年基本保持不变。

表 4-8　2012~2014 年江苏省三大区域农作物单位面积产量（单位：公斤/公顷）

区域	年份	粮食	棉花（皮棉）	油料	蔬菜（含菜用瓜）	瓜类（果用瓜）	麻类	糖料	烟叶
苏南	2012	7213	1231	2280	31286	31074	2448	47809	—
	2013	7278	1179	2365	32448	30971	2425	47178	—
	2014	7297	1207	2429	32947	31348	2517	48329	—
苏中	2012	6993	1336	2856	33058	34779	—	65628	—
	2013	7056	1304	2964	33712	35711	—	66648	—
	2014	7095	1201	2974	34012	36216	—	68010	—
苏北	2012	6875	1326	3214	41157	37339	13750	44807	2025
	2013	6789	1442	3344	42110	39079	5580	42710	1700
	2014	6924	1347	3414	43077	38769	10300	48136	1700

资料来源：江苏省农村统计年鉴（2013~2015）

注：表 4-5 的省级数据为抽样调查直接推算数，故与此处三大区域之和不相等

3. 农业现代化

（1）农业机械化水平

2013~2014年，江苏省机播面积及其占播种面积的比重有所增加，从2013年的56.90%增加到2014年的57.79%（表4-9）。

表4-9 2012~2014年江苏省农业机械化水平

年份	播种面积/千公顷	机耕		机播		机械植保		机械收获	
		面积/千公顷	占比/%	面积/千公顷	占比/%	面积/千公顷	占比/%	面积/千公顷	占比/%
2012[a]	7651.57	—	—	—	—	—	—	—	—
2013[b]	7683.64	—	—	4372.16	56.90	—	—	—	—
2014[c]	7678.63	—	—	4437.83	57.79	—	—	—	—

资料来源：江苏省农村统计年鉴（2013~2015）

a.由于连云港市灌云县和淮安市金湖县的机耕和机械植保面积以及盐城市东台市机耕面积均大于其播种面积，且镇江市的机耕、机播、机械植保和机械收获面积均小于其各区县各面积相加之和，因此，本发展报告不考虑2012年江苏省农业机械化水平。b.由于南通市辖区、淮安市金湖县和盐城市射阳县的机耕和机播面积、盐城市东台市的机耕面积、连云港市灌云县和市辖区的机械植保面积以及灌南县的机械收获面积均大于其播种面积，且徐州市机耕面积以及南京市机械植保面积均小于其各区县各面积相加之和，因此，本发展报告在描述2013年江苏省农业机械化水平时不考虑机耕、机械植保以及机械收获情况。c.由于南通市市辖区、淮安市金湖县、盐城市东台市、宿迁市市辖区、连云港市东海县的机耕面积、南通市市辖区、淮安市金湖县、盐城市滨海县、盐城市射阳县和连云港市东海县的机械植保面积以及镇江市扬中市、盐城市响水县、盐城市建湖县、宿迁市市辖区和连云港市灌南县的机械收获面积均大于其播种面积，因此，本发展报告在描述2014年江苏省农业机械化水平时不考虑机耕、机械植保以及机械收获情况

如表4-10所示，2012~2014年，苏南机耕和机播面积占其播种面积的比重均呈现逐年上升趋势；机械植保面积占播种面积的比重先减后增，但总体上呈现上升的趋势；而机械收获面积占播种面积的比重呈现逐年下降趋势。苏中机耕、机播和机械收获面积占其播种面积的比重均逐年提升；而机械植保面积占播种面积的比重在2012~2013年增大，但2013~2014略有下降。苏北机耕、机播、机械植保和机械收获面积及其占播种面积的比重均呈现逐年增加的趋势。

表 4-10　2012~2014 年江苏省三大区域农业机械化水平

区域	年份	播种面积/千公顷	机耕		机播		机械植保		机械收获	
			面积/千公顷	占比/%	面积/千公顷	占比/%	面积/千公顷	占比/%	面积/千公顷	占比/%
苏南[a]	2012	1001.20	693.50	69.27	499.82	49.92	662.08	66.13	563.37	56.27
	2013	984.94	692.94	70.35	495.75	50.33	645.12	65.50	552.11	56.06
	2014	973.94	696.00	71.46	493.53	50.67	667.93	68.58	536.41	55.08
苏中[b]	2012	1087.97	812.50	74.68	544.18	50.02	793.51	72.93	786.98	72.33
	2013	1092.59	821.05	75.15	599.33	54.85	834.44	76.37	811.52	74.27
	2014	1092.91	838.49	76.72	616.82	56.44	834.16	76.32	813.46	74.43
苏北[c]	2012	1124.62	754.75	67.11	560.57	49.85	695.03	61.80	634.99	56.46
	2013	1126.58	—	—	624.32	55.42	706.15	62.68	662.53	58.81
	2014	1127.21	766.96	68.04	631.25	56.00	736.35	65.33	682.09	60.51

资料来源：江苏省农村统计年鉴（2015）

注：表 4-9 的省级数据为抽样调查直接推算数，故与此处三大区域之和不相等

a.由于 2012 年镇江市机耕、机播、机械植保和机械收获面积均大于其各县区对应机械化面积相加之和，且 2014 年镇江市扬中市机械收获面积大于其播种面积，因此，本发展报告在描述 2012~2014 年苏南区域农业机械化水平时不考虑镇江市农业机械化水平，表中苏南的播种面积、机耕、机播、机械植保和机械收获面积为苏南扣除镇江市对应面积之后的数据。b.由于 2013 和 2014 年南通市市辖区的机械植保面积均大于其播种面积，因此，本发展报告在描述 2012~2014 年苏中农业机械化水平时不考虑南通市农业机械化水平，表中苏中的播种面积、机耕、机播、机械植保和机械收获面积为苏中扣除南通市对应面积之后的数据。c.由于 2012 年连云港市灌云县、淮安市金湖县和盐城市东台市的机耕面积以及连云港市灌云县和淮安市金湖县的机械植保面积，2013 年淮安市金湖县、盐城市射阳县和盐城市东台市的机耕面积、淮安市金湖县、盐城市射阳县、连云港市灌云县和市辖区的机械植保面积以及连云港市灌南县的机械收获面积，2014 年淮安市金湖县、盐城市东台市、宿迁市市辖区和连云港市东海县的机耕面积、淮安市金湖县、盐城市滨海县、盐城市射阳县和连云港市灌云县的机械植保面积以及盐城市响水县、盐城市建湖县、宿迁市辖区和连云港市灌南县的机械收获面积均大于其播种面积，因此，本发展报告在描述 2012~2014 年苏北区域农业机械化水平时不考虑连云港市、淮安市、盐城市和宿迁市农业机械化水平，仅用徐州市的播种面积、机耕、机播、机械植保和机械收获面积代表苏北农业机械化水平。同时，由于 2013 年徐州市机耕面积大于其各区县机耕面积相加之和，因此不考虑 2013 年苏北区域机耕水平

（2）农业化学化水平

2012~2014 年，江苏省农村用电、农用薄膜和农用柴油使用量及其单位面积使用量均呈上升趋势，但上升幅度较小；江苏省农药和化肥使用量及其单位面积使用量均呈逐年递减趋势（表 4-11 和表 4-12）。

表 4-11 2012~2014 年江苏省农业化学化水平（一）

年份	播种面积/千公顷	农村用电		农用薄膜		农用柴油	
		使用量/亿千瓦时	单位面积用量/（亿千瓦时/千公顷）	使用量/万吨	单位面积用量/（吨/千公顷）	使用量/万吨	单位面积用量/（吨/千公顷）
2012	7651.57	1696.41	0.22	11.26	14.72	102.97	134.57
2013	7683.64	1801.86	0.24	11.68	15.20	106.80	139.00
2014	7678.63	1834.93	0.24	11.98	15.61	107.45	139.93

资料来源：江苏省农村统计年鉴（2013~2015）

表 4-12 2012~2014 年江苏省农业化学化水平（二）

年份	播种面积/千公顷	农药		化肥（折纯量）	
		使用量/万吨	单位面积用量（吨/千公顷）	使用量/万吨	单位面积用量/（吨/千公顷）
2012	7651.57	8.37	10.94	330.94	432.51
2013	7683.64	8.12	10.57	326.82	425.35
2014	7678.63	7.95	10.36	323.61	421.45

资料来源：江苏省农村统计年鉴（2013~2015）

如表 4-13 和表 4-14 所示，2012~2014 年，苏南和苏中农村用电、农用薄膜和农用柴油使用量及其单位面积用量均小幅度上升；苏北农村用电和农用薄膜使用量及其单位面积用量均有所增加，但农用柴油使用量及其单位面积用量先增后减。2012~2014 年，苏南、苏中和苏北农药和化肥使用量及其单位面积用量均有所下降。

表 4-13 2012~2014 年江苏省三大区域农业化学化水平（一）

区域	年份	播种面积/千公顷	农村用电		农用薄膜		农用柴油	
			使用量/亿千瓦时	单位面积用量/（亿千瓦时/千公顷）	使用量/万吨	单位面积用量/（吨/千公顷）	使用量/万吨	单位面积用量/（吨/千公顷）
苏南	2012	1240.90	1188.97	0.96	2.46	19.82	12.56	101.22
	2013	1222.38	1253.25	1.03	2.62	21.43	12.91	105.61
	2014	1209.77	1260.19	1.04	2.68	22.15	13.11	108.37
苏中	2012	1934.95	303.09	0.16	2.02	10.44	25.08	129.62
	2013	1936.12	326.69	0.17	2.12	10.95	25.84	133.46
	2014	1928.46	341.54	0.18	2.27	11.77	26.66	138.25
苏北	2012	4707.02	204.36	0.04	6.77	14.38	65.33	138.79
	2013	4720.59	221.92	0.05	6.94	14.70	68.04	144.13
	2014	4710.49	233.19	0.05	7.03	14.92	67.68	143.68

资料来源：江苏省农村统计年鉴（2015）

注：表 4-11 的省级数据为抽样调查直接推算数，故与此处三大区域之和不相等

表 4-14　2012~2014 年江苏省三大区域农业化学化水平（二）

区域	年份	播种面积/千公顷	农药		化肥（折纯量）	
			使用量/万吨	单位面积用量（吨/千公顷）	使用量/万吨	单位面积用量/（吨/千公顷）
苏南	2012	1240.90	1.52	12.25	34.84	280.76
	2013	1222.38	1.47	12.03	33.90	277.33
	2014	1209.77	1.42	11.74	32.77	270.88
苏中	2012	1934.95	2.12	10.96	61.17	316.13
	2013	1936.12	2.04	10.54	60.93	314.70
	2014	1928.46	1.98	10.27	59.86	310.40
苏北	2012	4707.02	4.73	10.05	234.92	499.08
	2013	4720.59	4.60	9.74	231.99	491.44
	2014	4710.49	4.56	9.68	230.98	490.35

资料来源：江苏省农村统计年鉴（2015）

注：表 4-12 的省级数据为抽样调查直接推算数，故与此处三大区域之和不相等

（3）农田灌溉情况

2012~2014 年，江苏省农田有效灌溉面积呈现先减后增的特征，从 2012 年的 3929.72 千公顷下降到 2013 年的 3785.27 千公顷，后又上升到 2014 年的 3890.53 千公顷，但总体上有所下降（表 4-15）。

表 4-15　2012~2014 年江苏省农田灌溉情况

年份	有效灌溉面积/千公顷
2012	3929.72
2013	3785.27
2014	3890.53

资料来源：江苏省农村统计年鉴（2013~2015）

如表 4-16 所示，2012~2014 年，苏南和苏北农田有效灌溉面积均出现先减后增的趋势，而苏中农田有效灌溉面积则呈现逐年减少的趋势。与 2012 年相比，2014 年苏南农田有效灌溉面积减少了 12.63 千公顷，苏中减少了 82.20 千公顷，而苏北增加了 55.63 千公顷。

表 4-16　2012~2014 年江苏省三大区域农田灌溉情况

区域	年份	有效灌溉面积/千公顷
苏南	2012	756.35
	2013	688.31
	2014	743.72
苏中	2012	987.18
	2013	955.96
	2014	904.98
苏北	2012	2186.20
	2013	2141.00
	2014	2241.83

资料来源：江苏省农村统计年鉴（2013~2015）

（4）高效设施农业情况

2012~2014 年，各级政府针对高效设施农业进行财政扶持，江苏省高效设施农业有所发展。全省设施农业面积从 2012 年的 640.00 千公顷增加到 2014 年的 757.67 千公顷。

三、农产品生产发展现状

1. 农业总产值

2014 年，江苏省农业总产值为 3362.81 亿元，占农林牧渔业总产值的比重为 52.19%（表 4-17）。

表 4-17　2014 年江苏省农业总产值（2014 年当年价）

年份	农林牧渔业总产值/亿元	农业总产值	
		数量/亿元	占比/%
2014	6443.37	3362.81	52.19

资料来源：江苏省农村统计年鉴（2015）

2014 年江苏省三大区域农业总产值情况如表 4-18 所示。2014 年，苏南、苏中和苏北农业总产值分别为 774.84 亿元、681.81 亿元和 1872.15 亿元。从农业总产值占农林牧渔业总产值的比重来看，苏南、苏中和苏北分别为51.60%、47.82%和 54.27%。苏北的农业总产值占比高于全省平均水平（52.20%），而苏南和苏中则低于全省平均水平。

表 4-18　2014 年江苏省三大区域农业总产值（2014 年当年价）

区域	农林牧渔业总产值/亿元	农业总产值	
		数值/亿元	占比/%
苏南	1501.71	774.84	51.60
苏中	1425.80	681.81	47.82
苏北	3449.42	1872.15	54.27
全省[a]	6376.93	3328.80	52.20

资料来源：江苏省农村统计年鉴（2015）

a.此处全省数据为各市相加之和，表 4-17 的全省数据为抽样调查直接推算数据，故二者不相等

2. 农作物播种面积与产量

2014 年江苏省农作物总播种面积为 7678.63 千公顷。全省粮食、棉花（皮棉）、油料、蔬菜（含菜用瓜）、瓜类（果用瓜）、麻类、糖料和烟叶播种面积分别为 5376.07 千公顷、131.81 千公顷、499.20 千公顷、1372.39 千公顷、149.86 千公顷、0.48 千公顷、1.64 千公顷和 0.02 千公顷，总产量分别为 3490.62 万吨、15.95 万吨、146.60 万吨、5416.97 万吨、555.46 万吨、0.14 万吨、10.11 万吨和 0.0034 万吨（表 4-3 和表 4-4）。

2014 年江苏省粮食、棉花（皮棉）、油料、蔬菜（含菜用瓜）、瓜类（果用瓜）、麻类、糖料和烟叶的单产分别为 6493 公斤/公顷、1210 公斤/公顷、2937 公斤/公顷、39501 公斤/公顷、37065 公斤/公顷、2842 公斤/公顷、61637 公斤/公顷和 1700 公斤/公顷（表 4-5）。

2014 年江苏省三大区域农作物播种面积与总产量情况如表 4-19 和表 4-20 所示。苏北农作物播种面积最高，为 4710.49 千公顷，占全省农作物播种总面积的 60.02%；苏中其次，为 1928.46 千公顷，占 24.57%；苏南最少，为 1209.77 千公顷，占 15.41%。从农作物品种来看，苏北粮食、棉花（皮棉）、蔬菜（含

菜用瓜）和瓜果类的播种面积和总产量都是全省最高的，粮食播种面积和总产量占全省相应总量的 61.96%和 61.15%；棉花播种面积和总产量占全省相应总量的 58.10%和 60.86%；蔬菜（含菜用瓜）播种面积和总产量占全省相应总量的 61.69%和 67.46%；瓜果类播种面积和总产量占全省相应总量的 68.22%和 71.36%。苏南粮食、棉花和油料的播种面积和总产量都是最低的，不及全省相应总量的 20.00%。苏南蔬菜和瓜果类的种植面积和总产量略高于苏中，但远低于苏北。苏中油料的播种面积略高于苏北，但总产量不及苏北。

表 4-19　2014 年江苏省三大区域农作物播种面积与总产量（一）

区域	播种面积/千公顷	粮食		棉花（皮棉）		油料	
		播种面积/千公顷	总产量/万吨	播种面积/千公顷	总产量/万吨	播种面积/千公顷	总产量/万吨
苏南	1209.77	740.77	540.55	5.44	0.66	101.05	24.55
苏中	1928.46	1376.58	976.64	47.68	5.72	198.38	59.00
苏北	4710.49	3448.86	2387.92	73.66	9.92	192.19	65.62
全省[a]	7848.72	5566.21	3905.11	126.78	16.30	491.62	149.17

资料来源：江苏省农村统计年鉴（2015）

a.此处全省数据为各市相加之和，表 4-3 的全省数据为抽样调查直接推算数，故二者不相等

表 4-20　2014 年江苏省三大区域农作物播种面积与总产量（二）

区域	蔬菜（含菜用瓜）		瓜果类	
	播种面积/千公顷	总产量/万吨	播种面积/千公顷	总产量/万吨
苏南	266.79	878.99	27.49	86.18
苏中	256.10	871.05	20.13	72.90
苏北	842.06	3627.35	102.24	396.38
全省[a]	1364.95	5377.39	149.86	555.46

资料来源：江苏省农村统计年鉴（2015）

a.此处全省数据为各市相加之和，表 4-4 的全省数据为抽样调查直接推算数，故二者不相等

2014 年江苏省三大区域农作物单位面积产量情况如表 4-21 所示。苏南粮食单产最高，达 7297 公斤/公顷，高于全省平均水平（7105 公斤/公顷），但其油料、蔬菜（含菜用瓜）和瓜类单产最低，分别为 2429 公斤/公顷、32947

公斤/公顷和 31348 公斤/公顷。苏北棉花（皮棉）、油料、蔬菜（含菜用瓜）、瓜类单产最高，分别为 1347 公斤/公顷、3414 公斤/公顷、43077 公斤/公顷和 38769 公斤/公顷，但其粮食单产最低，为 6924 公斤/公顷。苏中棉花单产最低，为 1201 公斤/公顷，其粮食、油料、蔬菜（含菜用瓜）和瓜类单产均介于苏南和苏北之间。

表 4-21 2014 年江苏省三大区域农作物单位面积产量（单位：公斤/公顷）

区域	粮食	棉花（皮棉）	油料	蔬菜（含菜用瓜）	瓜类
苏南	7297	1207	2429	32947	31348
苏中	7095	1201	2974	34012	36216
苏北	6924	1347	3414	43077	38769
全省[a]	7105	1252	2939	36679	35444

资料来源：江苏省农村统计年鉴（2015）

a.此处全省数据为各市相加之和的计算结果，表 4-5 的全省数据为抽样调查直接推算数，故二者不相等

3. 农业现代化

（1）农业机械化水平

2014 年江苏省机播面积为 4437.83 千公顷，占播种面积的比值为 57.79%（表 4-9）。

表 4-22 呈现的是 2014 年江苏省三大区域农业机械化水平。2014 年，苏南机耕和机械植保面积分别为 869.35 千公顷和 850.51 千公顷，分别占其播种面积的 71.86%和 70.30%；苏中机械收获面积为 1199.78 千公顷，占其播种面积的 62.21%；苏北机播面积占其播种面积的比重在全省最高，为 59.52%，苏中最低，为 51.56%。

表 4-22　2014 年江苏省三大区域农业机械化水平

区域	播种面积/千公顷	机耕		机播		机械植保		机械收获	
		面积/千公顷	占比/%	面积/千公顷	占比/%	面积/千公顷	占比/%	面积/千公顷	占比/%
苏南[a]	1209.77	869.35	71.86	640.01	52.90	850.51	70.30	—	—
苏中[b]	1928.46	—	—	994.34	51.56	—	—	1199.78	62.21
苏北[c]	4710.49	—	—	2803.48	59.52	—	—	—	—
全省[d]	7848.72	—	—	4437.83	56.54	—	—	—	—

资料来源：江苏省农村统计年鉴（2015）

a.由于镇江市扬中市机械收获面积大于其播种面积，本发展报告在描述 2014 年三大区域农业机械化水平时不考虑苏南机械收获情况。b.由于南通市辖区机耕和机械植保面积大于其播种面积，本发展报告在描述 2014 年三大区域农业机械化水平时不考虑苏中机耕和机械植保情况。c.由于淮安市金湖县、盐城市东台市、宿迁市辖区和连云港市东海县的机耕面积、淮安市金湖县、盐城市滨海县、盐城市射阳县和连云港市灌云县的机械植保面积以及盐城市响水县、盐城市建湖县、宿迁市辖区和连云港市灌南县的机械收获面积大于其播种面积，本发展报告在描述 2014 年三大区域农业机械化水平时不考虑苏北机耕、机械植保和机械收获情况。d.此处全省数据为各市相加之和，表 4-9 的全省数据为抽样调查直接推算数，故二者不相等

（2）农业化学化水平

2014 年江苏省农村用电、农用薄膜、农用柴油、农药和化肥的使用量分别为 1834.93 亿千瓦时、11.98 万吨、107.45 万吨、7.95 万吨、323.61 万吨，单位播种面积使用量分别为 0.24 亿千瓦时/千公顷、15.61 吨/千公顷、139.93 吨/千公顷、10.36 吨/千公顷、421.45 吨/千公顷（表 4-11、4-12）。

表 4-23 和表 4-24 说明的是 2014 年江苏省三大区域农业化学化水平。2014 年，苏南单位播种面积用电量、农用塑料薄膜用量和农药用量分别为 1.04 亿千瓦时/千公顷、22.16 吨/千公顷和 11.74 吨/千公顷，明显高于苏中和苏北，也明显高于全省平均水平；而苏北单位播种面积农用柴油用量和化肥施用量分别为 143.68 吨/千公顷和 490.35 吨/千公顷，高于苏中和苏南，也高于全省平均水平。

表 4-23　2014 年江苏省三大区域农业化学化水平（一）

区域	播种面积/千公顷	农村用电		农用薄膜		农用柴油	
		使用量/亿千瓦时	单位面积用量/（亿千瓦时/千公顷）	使用量/万吨	单位面积用量/（吨/千公顷）	使用量/万吨	单位面积用量/（吨/千公顷）
苏南	1209.77	1260.19	1.04	2.68	22.16	13.11	108.36
苏中	1928.46	341.54	0.18	2.27	11.77	26.66	138.25
苏北	4710.49	233.19	0.05	7.03	14.93	67.68	143.68
全省[a]	7848.72	1834.92	0.23	11.98	15.27	107.45	136.90

资料来源：江苏省农村统计年鉴（2015）

a. 此处全省数据为各市相加之和，表 4-11 的全省数据为抽样调查直接推算数，故二者不相等

表 4-24　2014 年江苏省三大区域农业化学化水平（二）

区域	播种面积/千公顷	农药		化肥（折纯量）	
		使用量/万吨	单位面积用量/（吨/千公顷）	使用量/万吨	单位面积用量/（吨/千公顷）
苏南	1209.77	1.42	11.74	32.77	270.88
苏中	1928.46	1.98	10.26	59.86	310.41
苏北	4710.49	4.56	9.68	230.98	490.35
全省[a]	7848.72	7.95	10.13	323.61	412.31

资料来源：江苏省农村统计年鉴（2015）

a. 此处全省数据为各市相加之和，表 4-12 的全省数据为抽样调查直接推算数，故二者不相等

（3）农田灌溉情况

2014 年，江苏省农田有效灌溉面积为 3890.53 千公顷（表 4-15）。苏南、苏中和苏北的有效灌溉面积分别为 743.72 千公顷、904.98 千公顷和 2241.83 千公顷（表 4-16）。

（4）高效设施农业情况

2014 年，江苏省新增设施农业面积 57.40 千公顷，设施农业总面积达到 757.67 千公顷，占全省耕地面积的 16.50%。

四、农产品生产区域比较

1. 江苏省农产品生产与全国的比较

（1）农业总产值

2013 年江苏省和全国农业总产值情况如表 4-25 所示。2013 年江苏省农业总产值为 3167.78 亿元，占全国农业总产值的比重为 6.15%。江苏省农业总产值占农林牧渔业总产值的比重为 51.44%，略低于全国的平均水平（53.09%）。

表 4-25　2013 年江苏省和全国农业总产值

区域	农林牧渔业总产值/亿元	农业总产值	
		数值/亿元	占比/%
江苏省	6158.03	3167.78	51.44
全国	96995.30	51497.40	53.09
占比/%	6.35	6.15	—

资料来源：中国农业年鉴（2014）

注：鉴于 2014 年全国的相关数据未全面更新发布，故采用 2013 年的数据加以比较

（2）农作物播种面积与产量

表 4-26、表 4-27 是 2013 年江苏省和全国主要农作物播种面积与总产量情况。江苏省主要农作物播种面积与总产量占全国的比重基本在 5%左右。其中，棉花的播种面积与总产量占全国的比重最低，分别为 3.57%和 3.32%；蔬菜（含菜用瓜）的播种面积与总产量占全国的比重最高，分别为 6.48%和 7.13%。

表 4-26　2013 年江苏省和全国主要农作物播种面积与总产量（一）

区域	全年播种面积/千公顷	粮食		棉花（皮棉）		油料	
		播种面积/千公顷	总产量/万吨	播种面积/千公顷	总产量/万吨	播种面积/千公顷	总产量/万吨
江苏省	7683.64	5360.78	3422.98	155.22	20.93	518.28	150.37
全国	164626.90	111955.60	60193.8	4345.60	629.90	14022.6	3516.99
占比/%	4.67	4.79	5.69	3.57	3.32	3.70	4.28

资料来源：中国农业年鉴（2014）

表 4-27　2013 年江苏省和全国主要农作物播种面积与总产量（二）

区域	蔬菜（含菜用瓜）		瓜类	
	播种面积/千公顷	总产量/万吨	播种面积/千公顷	总产量/万吨
江苏省	1354.94	5237.78	145.28	539.61
全国	20899.4	73512	2455.4	9321.8
占比/%	6.48	7.13	5.92	5.79

资料来源：中国农业年鉴（2014）

表 4-28 反映的是 2013 年江苏省和全国的农作物单位面积产量情况。江苏省粮食、油料和蔬菜（含菜用瓜）的单位面积产量均高于全国平均水平，而棉花（皮棉）和瓜类均低于全国平均水平。

表 4-28　2013 年江苏省和全国主要农作物单位面积产量　（单位：公斤/公顷）

区域	粮食	棉花（皮棉）	油料	蔬菜（含菜用瓜）	瓜类
江苏省	6385	1349	2901	38657	37143
全国	5377	1449	2508	35174	37965

资料来源：中国农业年鉴（2014）

（3）农业现代化水平

2013 年江苏省和全国农业机械化水平如表 4-29 所示。江苏省机播面积占其播种面积的比重为 56.90%；同时虽然江苏省的播种面积仅占全国播种面积的 4.67%，但是其机播面积占全国机播面积的 5.44%。因此仅从机播来看，江苏省农业机械化水平高于全国农业机械化平均水平。

表 4-29　2013 年江苏省和全国农业机械化水平

区域	播种面积/千公顷	机耕		机播		机械植保		机械收获	
		面积/千公顷	占比/%	面积/千公顷	占比/%	面积/千公顷	占比/%	面积/千公顷	占比/%
江苏省[a]	7683.64	—	—	4372.16	56.90	—	—	—	—
全国	164626.9	113757.83	69.10	80309.56	48.78	64098.85	38.94	77416.01	47.03
占比/%	4.67	—	—	5.44	—	—	—	—	—

资料来源：中国农业年鉴（2014）

a.由于南通市辖区、淮安市金湖县和盐城市射阳县的机耕面积和机播面积、盐城市东台市的机耕面积、连云港市灌云县和市辖区的机械植保面积以及灌南县的机械收获面积均大于其播种面积，且徐州市机耕面积以及南京市机械植保面积均小于其各区县各面积相加之和，因此，本发展报告在描述 2013 年江苏农业机械化水平时不考虑机耕、机械植保以及机械收获情况

2013 年江苏省和全国农业化学化水平如表 4-30 和表 4-31 所示。江苏省农村用电使用量占全国农村用电使用量的比重高达 21.08%，单位播种面积农村用电量（0.23 亿千瓦时/千公顷）是全国平均水平（0.05 亿千瓦时/千公顷）的 4.52 倍。单位播种面积化肥使用量为 425.35 吨/千公顷，高于全国平均水平（359.11 吨/千公顷）；单位播种面积农用柴油使用量（139.00 吨/千公顷）和农用薄膜使用量（15.20 吨/千公顷）略高于全国平均水平（130.90 吨/千公顷和 15.14 吨/千公顷）；单位播种面积农药使用量（10.57 吨/千公顷）略低于全国平均水平（10.95 吨/千公顷）。

表 4-30　2014 年江苏省和全国农业化学化水平（一）

区域	播种面积/千公顷	农村用电		农用薄膜		农用柴油	
		使用量/亿千瓦时	单位面积用量/（亿千瓦时/千公顷）	使用量/万吨	单位面积用量/（吨/千公顷）	使用量/万吨	单位面积用量/（吨/千公顷）
江苏省	7683.64	1801.86	0.23	11.68	15.20	106.80	139.00
全国	164626.90	8549.50	0.05	249.30	15.14	2154.90	130.90
占比/%	4.67	21.08	—	4.69	—	4.96	—

资料来源：江苏省农村统计年鉴（2014）；中国农业年鉴（2014）

表 4-31　2013 年江苏省和全国农业化学化水平（二）

区域	播种面积/千公顷	农药		化肥（折纯量）	
		使用量/万吨	单位面积用量/（吨/千公顷）	使用量/万吨	单位面积用量/（吨/千公顷）
江苏省	7683.64	8.12	10.57	326.82	425.35
全国	164626.90	180.20	10.95	5911.90	359.11
占比/%	4.67	4.51	—	5.53	—

资料来源：江苏省农村统计年鉴（2014）；中国农业年鉴（2014）

2. 苏南各市农产品生产比较

（1）各市农业总产值情况

表 4-32 是 2014 年苏南各市农业总产值情况。2014 年南京农业总产值最高，达 218.50 亿元；其占农林牧渔业总产值的比重也最高，为 56.81%。镇江农业总产值最低，只有 119.06 亿元；但其占农林牧渔业总产值的比重为

55.63%，仅次于南京。苏州农业总产值第二，为 161.45 亿元；但其占农林牧渔业总产值的比重最低，仅为 41.13%。

表 4-32　2014 年苏南各市农业总产值

区域	农林牧渔业总产值/亿元	农业总产值	
		数值/亿元	占比/%
南京	384.63	218.50	56.81
无锡	253.76	137.08	54.02
常州	256.81	138.75	54.03
苏州	392.49	161.45	41.13
镇江	214.02	119.06	55.63
苏南	1501.71	774.84	51.60
全省[a]	6376.93	3328.80	52.20

资料来源：江苏省农村统计年鉴（2015）

a.此处全省数据为各市相加之和

（2）各市农作物播种面积与产量

2014 年苏南各市农作物播种面积与总产量情况如表 4-33、表 4-34 所示。南京棉花（皮棉）、油料、蔬菜（含菜用瓜）和瓜类播种面积和总产量均是苏南最高的，其中棉花（皮棉）总产量占苏南总产量的 63.64%；镇江粮食播种面积和总产量最高，但其蔬菜（含菜用瓜）和瓜类播种面积和总产量最低；无锡粮食和油料播种面积和总产量均是苏南最低的，并且无锡没有种植棉花。

表 4-33　2014 年苏南各市农作物的播种面积与总产量（一）

区域	全年播种面积/千公顷	粮食		棉花（皮棉）		油料	
		播种面积/千公顷	总产量/万吨	播种面积/千公顷	总产量/万吨	播种面积/千公顷	总产量/万吨
南京	320.62	157.11	114.72	2.73	0.42	46.38	11.47
无锡	178.66	108.99	77.20	—	—	4.16	0.94
常州	221.64	147.56	112.16	0.49	0.04	17.45	4.17
苏州	253.02	151.29	110.46	0.80	0.09	7.82	2.04
镇江	235.83	175.82	126.02	1.42	0.11	25.24	5.93
苏南	1209.77	740.77	540.55	5.44	0.66	101.05	24.55
全省[a]	7848.72	5566.21	3905.11	126.78	16.30	491.62	149.17

资料来源：江苏省农村统计年鉴（2015）

a.此处全省数据为各市相加之和

表 4-34　2014 年苏南各市农作物的播种面积与总产量（二）

区域	蔬菜（含菜用瓜）		瓜类	
	播种面积/千公顷	总产量/万吨	播种面积/千公顷	总产量/万吨
南京	86.85	308.65	8.65	30.19
无锡	47.40	158.22	5.69	14.01
常州	28.70	90.80	3.65	10.78
苏州	77.35	230.85	6.54	23.01
镇江	26.49	90.48	2.96	8.18
苏南	266.79	878.99	27.49	86.18
全省[a]	1364.95	5377.39	149.86	555.46

资料来源：江苏省农村统计年鉴（2015）

a.此处全省数据为各市相加之和

2014 年苏南各市农作物单产情况如表 4-35 所示。常州粮食单产最高，为 7601 公斤/公顷。南京棉花（皮棉）和蔬菜（含菜用瓜）单产最高，分别为 1529 公斤/公顷和 35538 公斤/公顷。苏州油料和瓜类单产最高，分别是 2608 公斤/公顷和 35185 公斤/公顷，但蔬菜（含菜用瓜）单产最低，为 29845 公斤/公顷。无锡粮食、油料和瓜类单产都最低，分别为 7083 公斤/公顷、2258 公斤/公顷和 24622 公斤/公顷。镇江棉花（皮棉）单产最低，为 758 公斤/公顷。

表 4-35　2014 年苏南各市农作物单位面积产量　（单位：公斤/公顷）

区域	粮食	棉花（皮棉）	油料	蔬菜（含菜用瓜）	瓜类
南京	7302	1529	2473	35538	34907
无锡	7083	—	2258	33379	24622
常州	7601	884	2392	31639	29526
苏州	7301	1103	2608	29845	35185
镇江	7168	758	2348	34155	27646
苏南	7297	1207	2429	32947	31348
全省[a]	7105	1252	2939	36679	35444

资料来源：江苏省农村统计年鉴（2015）

a.此处全省数据为各市相加之和

（3）各市农业现代化水平

2014 年苏南各市农业机械化水平如表 4-36 所示。除机耕外，镇江机播、机械植保占其播种面积的比重分别为 62.11%、77.42%，均是苏南最高的；常州机耕面积占其播种面积的比重最高，为 76.01%；南京机播和机械收获面积占其播种面积的比重最低，分别为 40.17%和 47.28%；无锡机耕和机械植保面积占其播种面积的比重最低，分别为 66.15%和 66.43%。

表 4-36　2014 年苏南各市农业机械化水平

区域	播种面积/千公顷	机耕		机播		机械植保		机械收获	
		面积/千公顷	占比/%	面积/千公顷	占比/%	面积/千公顷	占比/%	面积/千公顷	占比/%
南京	320.62	233.19	72.73	128.80	40.17	232.64	72.56	151.60	47.28
无锡	178.66	118.19	66.15	101.21	56.65	118.68	66.43	102.73	57.50
常州	221.64	168.46	76.01	127.18	57.38	147.40	66.50	138.93	62.68
苏州	253.02	176.16	69.62	136.35	53.89	169.21	66.88	143.15	56.58
镇江[a]	235.83	173.35	73.51	146.48	62.11	182.58	77.42	—	—
苏南	1209.77	869.35	71.86	640.01	52.90	850.51	70.30	—	—
全省[b]	7848.72	—	—	4437.83	56.54	—	—	—	—

资料来源：江苏省农村统计年鉴（2015）

a.由于镇江市扬中市机械收获面积大于其播种面积，本发展报告在描述 2014 年苏南各市农业机械化水平时不考虑镇江市机械收获情况

b.此处全省数据为各市相加之和

表 4-37 和表 4-38 反映的是 2014 年苏南各市农业化学化水平。

单位播种面积农村用电量。苏南各市单位面积农村用电量差别较大。苏州最高（2.30 亿千瓦时/千公顷），无锡次之（2.18 亿千瓦时/千公顷），均超出苏南平均水平的 2 倍；南京最低（仅为 0.10 亿千瓦时/千公顷），还不及苏南平均水平的十分之一。

单位播种面积农用薄膜使用量。无锡单位面积农用薄膜使用量最高，达 69.97 吨/千公顷，是苏南平均水平的 3.16 倍；苏州最低，仅为 11.46 吨/千公顷，约为苏南平均水平的一半。

单位播种面积农用柴油使用量。苏州单位面积农用柴油使用量最多，达

130.03 吨/千公顷；常州和无锡次之，分别为 126.78 吨/千公顷和 125.38 吨/千公顷；南京最少，仅为 74.23 吨/千公顷。

单位播种面积农药使用量。苏南单位面积农药使用量最高的是苏州，为 15.41 吨/千公顷；其次是常州，为 14.89 吨/千公顷；最低的是南京，仅为 5.61 吨/千公顷，约为苏南平均水平的一半。

单位播种面积化肥使用量。苏州单位面积化肥使用量最高，为 310.25 吨/千公顷；镇江最低，为 231.52 吨/千公顷。

表 4-37　2014 年苏南各市农业化学化水平（一）

区域	播种面积/千公顷	农村用电		农用薄膜		农用柴油	
		使用量/亿千瓦时	单位面积用量/（亿千瓦时/千公顷）	使用量/万吨	单位面积用量/（吨/千公顷）	使用量/万吨	单位面积用量/（吨/千公顷）
南京	320.62	31.81	0.10	0.52	16.22	2.38	74.23
无锡	178.66	390.35	2.18	1.25	69.97	2.24	125.38
常州	221.64	177.46	0.80	0.30	13.54	2.81	126.78
苏州	253.02	581.42	2.30	0.29	11.46	3.29	130.03
镇江	235.83	79.15	0.34	0.32	13.57	2.39	101.34
苏南	1209.77	1260.19	1.04	2.68	22.16	13.11	108.36
全省[a]	7848.72	1834.92	0.23	11.98	15.27	107.45	136.90

资料来源：江苏省农村统计年鉴（2015）

a.此处全省数据为各市相加之和

表 4-38　2014 年苏南各市农业化学化水平（二）

区域	播种面积/千公顷	农药		化肥（折纯量）	
		使用量/万吨	单位面积用量/（吨/千公顷）	使用量/万吨	单位面积用量/（吨/千公顷）
南京	320.62	0.18	5.61	7.73	241.10
无锡	178.66	0.25	13.99	5.49	307.29
常州	221.64	0.33	14.89	6.24	281.54
苏州	253.02	0.39	15.41	7.85	310.25
镇江	235.83	0.26	11.02	5.46	231.52
苏南	1209.77	1.42	11.74	32.77	270.88
全省[a]	7848.72	7.95	10.13	323.61	412.31

资料来源：江苏省农村统计年鉴（2015）

a.此处全省数据为各市相加之和

3. 苏中各市农产品生产比较

（1）各市农业总产值情况

2014 年南通的农业总产值最高，达 278.94 亿元，但其占农林牧渔总产值比重最小，为 44.14%。泰州农业总产值最低，为 201.06 亿元，但其占农林牧渔总产值比重最高，为 55.55%（表 4-39）。

表 4-39　2014 年苏中各市农业总产值

区域	农林牧渔业总产值/亿元	农业总产值	
		数值/亿元	占比/%
南通	631.88	278.94	44.14
扬州	431.98	201.81	46.72
泰州	361.94	201.06	55.55
苏中	1425.80	681.81	47.82
全省[a]	6376.93	3328.80	52.20

资料来源：江苏省农村统计年鉴（2015）

a.此处全省数据为各市相加之和

（2）各市农作物播种面积与产量

2014 年苏中各市农作物播种面积与总产量情况如表 4-40、表 4-41 所示。2014 年，南通粮食、棉花（皮棉）、油料、蔬菜（含菜用瓜）和瓜类播种面积和总产量均最高；而扬州均最低。因此，南通是苏中农作物的主产区。

表 4-40　2014 年苏中各市农作物的播种面积与总产量（一）

区域	全年播种面积/千公顷	粮食		棉花（皮棉）		油料	
		播种面积/千公顷	总产量/万吨	播种面积/千公顷	总产量/万吨	播种面积/千公顷	总产量/万吨
南通	835.55	515.56	334.02	37.21	4.36	126.81	39.06
扬州	510.93	422.36	314.10	1.68	0.25	27.09	7.39
泰州	581.98	438.66	328.53	8.79	1.11	44.48	12.55
苏中	1928.46	1376.58	976.64	47.68	5.72	198.38	59.00
全省[a]	7848.72	5566.21	3905.11	126.78	16.3	491.62	149.17

资料来源：江苏省农村统计年鉴（2015）

a.此处全省数据为各市相加之和

表 4-41　2014 年苏中各市农作物的播种面积与总产量（二）

区域	蔬菜（含菜用瓜）		瓜类	
	播种面积/千公顷	总产量/万吨	播种面积/千公顷	总产量/万吨
南通	124.13	385.72	14.98	53.58
扬州	48.62	189.07	2.33	8.35
泰州	83.35	296.26	2.82	10.98
苏中	256.10	871.05	20.13	72.90
全省[a]	1364.95	5377.39	149.86	555.46

资料来源：江苏省农村统计年鉴（2015）

a.此处全省数据为各市相加之和

2014 年苏中各市农作物单位面积产量情况如表 4-42 所示。2014 年，泰州粮食、瓜类单产最高，分别为 7489 公斤/公顷和 38924 公斤/公顷。扬州棉花（皮棉）和蔬菜（含菜用瓜）单产最高，分别为 1477 公斤/公顷和 38887 公斤/公顷；但油料单产最低，为 2726 公斤/公顷。南通油料单产最高，达 3080 公斤/公顷；但粮食、棉花（皮棉）、蔬菜（含菜用瓜）和瓜类单产均最低，分别为 6479 公斤/公顷、1173 公斤/公顷、31074 公斤/公顷和 35765 公斤/公顷。

表 4-42　2014 年苏中各市农作物单位面积产量　（单位：公斤/公顷）

区域	粮食	棉花（皮棉）	油料	蔬菜（含菜用瓜）	瓜类
南通	6479	1173	3080	31074	35765
扬州	7437	1477	2726	38887	35842
泰州	7489	1265	2821	35544	38924
苏中	7095	1201	2974	34012	36216
全省[a]	7105	1252	2939	36679	35444

资料来源：江苏省农村统计年鉴（2015）

a.此处全省数据为各市相加之和

（3）各市农业现代化水平

表 4-43 为 2014 年苏中各市农业机械化水平。除机播外，扬州机耕、机械植保和机械收获面积占其播种面积的比重均最高，分别为 81.64%、76.77% 和 79.60%；泰州的机播面积占其播种面积的比重最高，为 60.41%；南通的农

业机械化水平最低，机播和机械收获面积占其播种面积的比重分别为 45.18% 和 46.24%。

表 4-43　2014 年苏中各市农业机械化水平

区域	播种面积/千公顷	机耕		机播		机械植保		机械收获	
		面积/千公顷	占比/%	面积/千公顷	占比/%	面积/千公顷	占比/%	面积/千公顷	占比/%
南通[a]	835.55	—	—	377.52	45.18	—	—	386.32	46.24
扬州	510.93	417.13	81.64	265.25	51.92	392.26	76.77	406.69	79.60
泰州	581.98	421.36	72.40	351.57	60.41	441.91	75.93	406.77	69.89
苏中	1928.46	—	—	994.34	51.56	—	—	1199.78	62.21
全省[b]	7848.72	—	—	4437.83	56.54	—	—	—	—

资料来源：江苏省农村统计年鉴（2015）

a.由于南通市辖区机耕面积和机械植保面积大于其播种面积，本发展报告在描述 2014 年苏中各市农业机械化水平时不考虑南通市机耕和机械植保情况

b.此处全省数据为各市相加之和

表 4-44 和表 4-45 反映的是 2014 年苏中各市农业化学化水平。

单位播种面积农村用电量。苏中单位播种面积农村用电量最高的是泰州，为 0.21 亿千瓦时/千公顷；其次是南通，为 0.19 亿千瓦时/千公顷；最低的是扬州，仅为 0.12 亿千瓦时/千公顷。

单位播种面积农用薄膜使用量。南通单位播种面积农用薄膜使用量最高，达 15.69 吨/千公顷；扬州次之，为 10.17 吨/千公顷；泰州最低，仅为 7.55 吨/千公顷。

单位播种面积农用柴油使用量。苏中单位播种面积农用柴油使用量差别较大。单位播种面积农用柴油使用量最多的是南通，达 169.11 吨/千公顷；最少的是泰州，仅为 93.47 吨/千公顷。

单位播种面积农药使用量。南通单位播种面积农药使用量最多，为 12.21 吨/千公顷；泰州次之，为 9.62 吨/千公顷；扬州最少，仅为 7.82 吨/千公顷。

单位播种面积化肥使用量。苏中单位播种面积化肥使用量最高是扬州，为 390.86 吨/千公顷；泰州和南通较为接近，分别为 294.51 吨/千公顷和 272.16 吨/千公顷。

表 4-44　2014 苏中各市农业化学化水平（一）

区域	播种面积/千公顷	农村用电		农用薄膜		农用柴油	
		使用量/亿千瓦时	单位面积用量/（亿千瓦时/千公顷）	使用量/万吨	单位面积用量/（吨/千公顷）	使用量/万吨	单位面积用量/（吨/千公顷）
南通	835.55	159.47	0.19	1.31	15.69	14.13	169.11
扬州	510.93	60.03	0.12	0.52	10.17	7.09	138.77
泰州	581.98	122.04	0.21	0.44	7.55	5.44	93.47
苏中	1928.46	341.54	0.18	2.27	11.77	26.66	138.25
全省[a]	7848.72	1834.92	0.23	11.98	15.27	107.45	136.90

资料来源：江苏省农村统计年鉴（2015）

a.此处全省数据为各市相加之和

表 4-45　2014 年苏中各市农业化学化水平（二）

区域	播种面积/千公顷	农药		化肥（折纯量）	
		使用量/万吨	单位面积用量/（吨/千公顷）	使用量/万吨	单位面积用量/（吨/千公顷）
南通	835.55	1.02	12.21	22.74	272.16
扬州	510.93	0.40	7.82	19.97	390.86
泰州	581.98	0.56	9.62	17.14	294.51
苏中	1928.46	1.98	10.26	59.86	310.41
全省[a]	7848.72	7.95	10.13	323.61	412.31

资料来源：江苏省农村统计年鉴（2015）

a.此处全省数据为各市相加之和

4. 苏北各市农产品生产比较

（1）各市农业总产值情况

2014 年，徐州农业总产值最高，达 567.20 亿元，连云港最低，为 240.21 亿元，不到徐州的一半。淮安农业总产值占农林牧渔总产值比重最高，为 63.65%；盐城最低，仅为 43.53%（表 4-46）。

表 4-46 2014 年苏北各市农业总产值

区域	农林牧渔业总产值/亿元	农业总产值	
		数值/亿元	占比/%
徐州	907.33	567.20	62.51
连云港	507.39	240.21	47.34
淮安	535.56	340.87	63.65
盐城	1035.82	450.93	43.53
宿迁	463.32	272.94	58.91
苏北	3449.42	1872.15	54.27
全省[a]	6376.93	3328.80	52.20

资料来源：江苏省农村统计年鉴（2015）
a.此处全省数据为各市相加之和

（2）各市农作物播种面积与产量

2014 年苏北各市农作物播种面积与总产量情况如表 4-47、表 4-48 所示。盐城农作物生产占有绝对优势，其粮食、棉花（皮棉）、油料和瓜类播种面积分别为 978.77 千公顷、50.37 千公顷、98.54 千公顷和 37.55 千公顷，总产量分别为 703.07 万吨、6.39 万吨、29.88 万吨和 154.88 万吨，均为苏北最高。尤其是棉花，其播种面积和总产量分别占苏北相应总量的 68.38%和 64.42%。此外，虽然盐城蔬菜（含菜用瓜）播种面积（264.54 千公顷）低于徐州（311.84 千公顷），但其总产量却最高，为 1204.27 万吨。连云港粮食播种面积和总产量最低，分别为 501.82 千公顷和 359.33 万吨。除了盐城和徐州，其他三市棉花种植都很少，总播种面积不足 2.50 千公顷，总产量也只有 0.29 万吨。宿迁油料播种面积和总产量最低，分别为 11.80 千公顷和 4.56 万吨。另外，宿迁蔬菜（含菜用瓜）播种面积最低，但淮安蔬菜（含菜用瓜）总产量最低。淮安瓜类播种面积和总产量均最低，分别为 6.62 千公顷和 25.69 万吨。

表 4-47　2014 年苏北各市农作物的播种面积与总产量（一）

区域	全年播种面积/千公顷	粮食		棉花（皮棉）		油料	
		播种面积/千公顷	总产量/万吨	播种面积/千公顷	总产量/万吨	播种面积/千公顷	总产量/万吨
徐州	1127.21	732.96	469.18	21.20	3.24	25.89	10.62
连云港	631.98	501.82	359.33	1.25	0.17	24.54	11.39
淮安	796.44	658.52	467.19	0.09	0.01	31.42	9.16
盐城	1445.02	978.77	703.07	50.37	6.39	98.54	29.88
宿迁	709.84	576.79	389.15	0.75	0.11	11.80	4.56
苏北	4710.49	3448.86	2387.92	73.66	9.92	192.19	65.62
全省[a]	7848.72	5566.21	3905.11	126.78	16.30	491.62	149.17

资料来源：江苏省农村统计年鉴（2015）

a.此处全省数据为各市相加之和

表 4-48　2014 年苏北各市农作物的播种面积与总产量（二）

区域	蔬菜（含菜用瓜）		瓜类	
	播种面积/千公顷	总产量/万吨	播种面积/千公顷	总产量/万吨
徐州	311.84	1184.03	30.62	114.92
连云港	87.06	394.94	16.29	59.42
淮安	94.59	383.41	6.62	25.69
盐城	264.54	1204.27	37.55	154.88
宿迁	84.03	460.69	11.16	41.46
苏北	842.06	3627.35	102.24	396.38
全省[a]	1364.95	5377.39	149.86	555.46

资料来源：江苏省农村统计年鉴（2015）

a.此处全省数据为各市相加之和

2014 年苏北各市农作物单位面积产量情况如表 4-49 所示。苏北各市农作物单产差距较大。盐城粮食和瓜类单产最高，分别为 7183 公斤/公顷和 41247 公斤/公顷；徐州棉花（皮棉）单产最高，达 1530 公斤/公顷，但其粮食和蔬菜（含果用瓜）单产最低，分别为 6401 公斤/公顷和 37969 公斤/公顷；连云港油料单产最高，达 4643 公斤/公顷，但其瓜类单产最低，为 36477 公斤/公顷；宿迁蔬菜（含果用瓜）单产最高，达 54825 公斤/公顷；淮安棉花（皮棉）和油料单产最低，分别为 911 公斤/公顷和 2916 公斤/公顷，均远低于苏北平均水平，也低于全省平均水平。

表 4-49　2014 年苏北各市农作物单位面积产量（单位：公斤/公顷）

区域	粮食	棉花（皮棉）	油料	蔬菜（含菜用瓜）	瓜类
徐州	6401	1530	4103	37969	37531
连云港	7161	1375	4643	45364	36477
淮安	7094	911	2916	40534	38809
盐城	7183	1268	3032	45523	41247
宿迁	6747	1523	3868	54825	37153
苏北	6924	1347	3414	43077	38769
全省[a]	7105	1252	2939	36679	35444

资料来源：江苏省农村统计年鉴（2015）

a.此处全省数据为各市相加之和

（3）各市农业现代化水平

表 4-50 呈现的是 2014 年苏北各市农业机械化水平。苏北各市机播面积占其播种面积的比重由大到小分别为宿迁（67.01%）、连云港（65.11%）、淮安（62.56%）、徐州（56.00%）和盐城（54.45%）。徐州机耕面积占其播种面积的比重为 68.04%；宿迁机械植保面积占其播种面积的比重（67.93%）大于徐州（65.33%）；淮安机械收获面积占其播种面积的比重（76.56%）大于徐州（60.51%）。

表 4-50　2014 苏北各市农业机械化水平

区域	播种面积/千公顷	机耕		机播		机械植保		机械收获[b]	
		面积/千公顷	占比/%	面积/千公顷	占比/%	面积/千公顷	占比/%	面积/千公顷	占比/%
徐州	1127.21	766.96	68.04	631.25	56.00	736.35	65.33	682.09	60.51
连云港	631.98	—	—	411.46	65.11	—	—	—	—
淮安	796.44	—	—	498.27	62.56	—	—	609.78	76.56
盐城	1445.02	—	—	786.87	54.45	—	—	—	—
宿迁	709.84	—	—	475.63	67.01	482.17	67.93	—	—
苏北[a]	4710.49	—	—	2803.48	59.52	—	—	—	—
全省[b]	7848.72	—	—	4437.83	56.54	—	—	—	—

资料来源：江苏省农村统计年鉴（2015）

a.由于淮安市金湖县、盐城市东台市、宿迁市辖区和连云港市东海县的机耕面积以及淮安市金湖县、盐城市滨海县、盐城市射阳县和连云港市灌云县的机械植保面积以及盐城市响水县、盐城市建湖县、宿迁市辖区和连云港市灌南县的机械收获面积大于其全年播种面积，本发展报告在描述 2014 年苏北各市农业机械化水平时不考虑连云港市、淮安市、盐城市和宿迁市的机耕、连云港市、淮安市和盐城市的机械植保以及连云港市、盐城市和宿迁市的机械收获情况

b.此处全省数据为各市相加之和

表4-51和表4-52反映的是2014年苏北各市农业化学化水平。

表4-51　2014苏北各市农业化学化水平（一）

区域	播种面积/千公顷	农村用电		农用薄膜		农用柴油	
		使用量/亿千瓦时	单位面积用量/(亿千瓦时/千公顷）	使用量/万吨	单位面积用量/（吨/千公顷）	使用量/万吨	单位面积用量/（吨/千公顷）
徐州	1127.21	64.82	0.06	1.34	11.89	8.72	77.37
连云港	631.98	31.81	0.05	0.89	14.08	15.87	251.12
淮安	796.44	14.51	0.02	0.76	9.54	8.58	107.73
盐城	1445.02	79.65	0.06	2.96	20.48	25.95	179.58
宿迁	709.84	42.39	0.06	1.09	15.36	8.56	120.59
苏北	4710.49	233.19	0.05	7.03	14.93	67.68	143.68
全省[a]	7848.72	1834.92	0.23	11.98	15.27	107.45	136.90

资料来源：江苏省农村统计年鉴（2015）

a.此处全省数据为各市相加之和

表4-52　2014年苏北各市农业化学化水平（二）

区域	播种面积/千公顷	农药		化肥（折纯量）	
		使用量/万吨	单位面积用量/（吨/千公顷）	使用量/万吨	单位面积用量/（吨/千公顷）
徐州	1127.21	1.06	9.40	64.08	568.48
连云港	631.98	0.69	10.92	34.58	547.17
淮安	796.44	0.70	8.79	40.08	503.24
盐城	1445.02	1.41	9.76	52.80	365.39
宿迁	709.84	0.70	9.86	39.45	555.76
苏北	4710.49	4.56	9.68	230.98	490.35
全省[a]	7848.72	7.95	10.13	323.61	412.31

资料来源：江苏省农村统计年鉴（2015）

a.此处全省数据为各市相加之和

单位播种面积农村用电量。苏北各市单位播种面积农村用电量远远低于全省平均水平。其中，徐州、盐城和宿迁最高，为0.06亿千瓦时/千公顷；连云港次之，为0.05亿千瓦时/千公顷；淮安最低，为0.02亿千瓦时/千公顷，仅为全省平均水平的8.70%。

单位播种面积农用薄膜使用量。苏北各市单位播种面积农用薄膜使用量最高的是盐城，为20.48吨/千公顷；其次是宿迁，为15.36吨/千公顷；最低的是淮安，仅为 9.54 吨/千公顷。

单位播种面积农用柴油使用量。苏北各市单位播种面积农用柴油使用量差别较大。最多的是连云港，高达 251.12 吨/千公顷；最少的是徐州，仅为 77.37 吨/千公顷。

单位播种面积农药使用量。苏北各市单位播种面积农药使用量较为接近。最高的是连云港，为 10.92 吨/千公顷；其次是宿迁和盐城，分别为 9.86 吨/千公顷和 9.76 吨/千公顷；最低的是淮安，为 8.79 吨/千公顷。

单位播种面积化肥使用量。徐州单位播种面积化肥使用量最高，为 568.48 吨/千公顷，宿迁、连云港和淮安次之，分别为 555.76 吨/千公顷、547.17 吨/千公顷和 503.24 吨/千公顷，均超过 500.00 吨/千公顷；盐城最低，仅为 365.39 吨/千公顷，远低于苏北和全省平均水平。

第五章　江苏农产品流通发展报告

一、农产品流通发展新动向

江苏省商务厅出台《2014 年全省市场体系建设工作要点》（江苏省商务厅，2014），部署全省农产品市场体系建设工作。要求深入贯彻落实十八届三中全会精神，以全面深化改革为总指导思想，以完善现代市场体系为总目标，以正确履行政府职能为基本要求，深化农产品流通体系建设，促进农村流通网络建设提档升级。

一是加快建设和完善现有农产品现代流通体系。开展农产品流通体系集中连片建设，构建基础设施支撑体系，重点加强大型集散地和销地批发市场建设；推动公益性市场建设试点，引导有条件的地区规划和建设一批具有公益性质的批发市场、农贸市场和菜市场，探索建立农产品市场长期发挥公益性功能的刚性约束机制；强化产销衔接促进体系，支持批发市场建设综合性加工配送中心和培育公司化经销商，发展多种对接模式，打造流通主导型产业链；完善流通信息服务体系，支持批发市场建设信息系统，构建多层次、互联互通、信息共享的公共服务平台；建设流通技术保障体系，支持批发市场和流通企业实现电子结算、推广标准化销售和开展电子商务、冷链物流等流通模式创新。与此同时，继续开展鲜活农产品直供社区示范工程建设，实施直供社区“三年行动计划”。在 2013 年正式启动的基础上，2014 年全面推开，争取再新建鲜活农产品社区直供店（站）300 家；2015 年各省辖市全面覆盖，并向县级市延伸，期末全省至少形成 1000 家社区直供示范店（站）。制定农产品直供店（站）建设标准和规范，统一店面形象，增强农产品直供社区示范工程的影响力。继续把标准化菜市场建设和升级改造作为社区商业建设的重点，充分发挥政府主导作用，有效提升城市形象和社区服务功能。发展社区综合型便民服务，与电子商务有机结合，解决网购“最后一公里”问题。按照国发〔2012〕39 号文件要求，会同住建、国土部门推动落实“新建社区商业和综合服务设施面积占社区总建筑面积的比例不得低于 10%”的政策。

二是打造升级版农村流通网络。进一步巩固“万村千乡市场工程”建设成果，引导承办企业把农家店建设重点转移到直营店上。继续支持承办企业改建和扩建物流配送中心，进一步提高商品配送率。支持企业开展信息化改造，建立信息管理电子平台，添置 POS 机，在农家店实现刷卡消费、移动空中充值、银行小额取现、费用代收代缴等业务代办服务功能。新建和升级改造一批农村集贸市场，支持企业对农村集贸市场连锁化经营进行探索。推动“万村千乡市场工程”转型升级，实施“商贸强镇”示范工程。在一些有条件的中心乡镇，着力打造乡镇小型商圈，在商圈内统一规划、建设好集购物、餐饮、休闲、文化娱乐和配送等为一体的乡镇商贸中心、商业步行街或专业特色街，在居民集中居住区规划、建设好社区邻里中心及其他商业配套设施。推动大型连锁流通企业建立面向村镇消费者的电子商务平台、商品配送体系，引导“万村千乡市场工程”承办企业整合农家店资源，依托农家店、商贸中心等实体店开展线下物流配送。

二、农产品流通发展趋势

农产品批发市场是江苏省农产品流通的主要渠道。近年来，江苏省把农产品批发市场建设作为加快农产品流通创新、推进农产品现代流通体系建设的重中之重，切实加强基础设施建设，健全完善市场综合功能，不断提升商品流通的现代化水平，取得了良好的成效。

1. 亿元以上农产品批发市场

表 5-1 呈现了 2012~2014 年江苏省亿元以上农产品批发市场的基本情况。

整体来看，2012~2014 年江苏省亿元以上农产品批发市场发展趋势良好。全省亿元以上农产品批发市场个数从 2012 年的 81 个增加到 2014 年的 104 个；年末摊位数和年末已租出摊位数稳步提高，前者从 2012 年的 34873 个增加到 2014 年的 49521 个，增加了 14648 个，后者从 2012 年的 32120 个增加到 2014

表 5-1　2012~2014 年江苏省亿元以上农产品批发市场情况

	年份	市场个数/个	年末摊位数/个	年末已出租摊位/个	商品成交额/亿元	营业面积/万平方米	交易业主从业人员/万人
粮油市场	2012	7	1041	941	146.91	29.50	0.38
	2013	9	4207	3956	188.36	63.15	0.64
	2014	10	5182	4310	192.52	64.39	1.00
肉禽蛋市场	2012	17	3527	3225	179.79	16.60	0.96
	2013	29	9494	7698	192.80	32.80	2.14
	2014	29	9457	7953	302.75	37.15	2.07
水产品市场	2012	24	9220	8030	251.34	77.31	9.19
	2013	27	10004	8590	274.47	80.69	10.04
	2014	24	9101	7850	276.70	77.32	3.20
蔬菜市场	2012	14	6724	6542	194.56	37.60	1.60
	2013	19	9936	9684	231.32	50.21	5.85
	2014	17	9197	8408	220.18	45.90	5.73
干鲜果品市场	2012	8	6575	6545	133.06	38.68	1.04
	2013	10	6371	5318	163.50	36.07	1.14
	2014	9	6279	5376	160.41	33.77	1.15
棉麻土畜、烟叶市场	2012	1	2098	2098	204.21	42.60	1.10
	2013	2	2438	2411	226.32	43.00	1.26
	2014	2	2440	2413	232.55	43.05	1.26
其他农产品市场	2012	10	5688	4739	42.86	57.54	1.81
	2013	10	5976	5367	43.26	45.80	1.39
	2014	13	7865	7428	64.76	49.24	1.62
农产品市场（合计）	2012	81	34873	32120	1152.72	299.82	16.09
	2013	106	48426	43024	1320.04	351.72	22.46
	2014	104	49521	43738	1450.17	350.81	16.03

资料来源：江苏省统计年鉴（2013~2015）

年的 43738 个，增加了 11618 个；商品成交额逐年提升，从 2012 年的 1152.72 亿元增加到 2014 年的 1450.17 亿元，增加了 297.45 亿元；营业面积总体呈现增加的趋势，从 2012 年的 299.82 万平方米增加到 2013 年的 351.72 万平方米，2014 年略有下降，减少到 350.81 万平方米；交易业主从业人员数呈现较大波动，从 2012 年的 16.09 万人增加到 2013 年的 22.46 万人，但是到 2014 年，大幅下降至 16.03 万人，减少的原因主要与水产品市场的交易业主从业人员数量变化有关。

分市场来看，2012~2014 年间江苏省亿元以上粮油市场发展稳定，各指标值逐年增加，市场个数从 2012 年的 7 个增加到 2014 年的 10 个，成交额从 146.91 亿元提高到 192.52 亿元；肉禽蛋市场从 2012 年的 17 个增加到 2014 年的 29 个，成交额大幅增长，从 2012 年的 179.79 亿元提升为 2014 年的 302.75 亿元，翻了近一番；水产品市场数量略有波动，2012 年为 24 个，2013 年增加到 27 个，2014 年又减少为 24 个，成交额有所提升，从 2012 年的 251.34 亿元上升到 2014 年的 276.70 亿元；蔬菜市场从 2012 年的 14 个增到 2014 年的 17 个，成交额从 2012 年的 194.56 亿元升至 2014 年的 220.48 亿元；干鲜果品市场从 2012 年的 8 个增加到 2014 年的 9 个，成交额从 2012 年的 133.06 亿元提高到 2014 年的 160.41 亿元；棉麻土畜、烟叶市场发展平稳，各项指标稳步提升，市场个数从 2012 年的 1 个增至 2014 年的 2 个，成交额从 2012 年的 204.21 亿元升至 2014 年的 232.55 亿元；其他农产品市场从 2012 年的 10 个增加到 2014 年的 13 个，成交额从 2012 年的 42.86 亿元提高到 2014 年的 64.76 亿元。

2. 农业部定点农产品批发市场

农业部从 1995 年起在全国推行定点农产品批发市场联系支持制度。截至 2014 年，江苏省农业部定点农产品批发市场总数一直维持在 33 家，相应的市场类别也没有发生变动。具体地，根据产、销地区分，产地市场数量为 14

家，销地市场数量为 19 家；按农产品种类划分，农产品综合批发市场（包含蔬菜及水果市场）26 家，特色产品（包含水产品）市场 4 家，肉禽蛋市场 1 家，粮油市场 2 家。但从表 5-2 可以看出，2012~2014 年江苏省农业部定点农产品批发市场的交易额逐年递增，从 2012 年 1809.77 亿元增加到 2013 年 2020.40 亿元，再到 2014 年 2239.20 亿元，每年平均增加的交易额在 200 亿元左右，年均增长率达到 11%。

表 5-2　2012~2014 年江苏省农业部定点农产品批发市场交易情况表

年份	数量/个	交易额/亿元	交易额增长率/%
2012	33	1809.77	—
2013	33	2020.40	11.64
2014	33	2239.20	10.83

资料来源：根据江苏省农业委员会提供资料整理

3. 省级重点产品批发市场

从表 5-3 可以看出，2012 年后江苏省农业委员会没有组织开展新一轮省级重点农产品批发市场的申报认定工作。截至 2014 年，江苏省省级重点农产品批发市场数量维持在 68 家，且各市场类别也没有发生变化。具体地，根据产、销地区分，产地市场 39 家，销地市场 29 家；按农产品种类划分，农产品综合批发市场（包含蔬菜及水果市场）47 家，特色产品市场（包括水产品市场）11 家，肉禽蛋市场 5 家，粮油市场 5 家。

据江苏省农业委员会资料显示，2012~2014 年，江苏省省级重点农产品批发市场的交易额逐年递增，2012 年为 2208.94 亿元，2013 年增加到 2651.70 亿元，2014 年增长到 2910.00 亿元；然而，交易额增长率呈现明显的放缓趋势，2012~2013 年的增长率为 20.04%，2013~2014 年的增长率减至 9.74%。此外，2012~2014 年交易额突破 20 亿元以上的市场个数有所增加，2014 年交易额突破 100 亿元的有 9 家、超 50 亿元的有 13 家、超 30 亿元的有 21 家、超 20 亿元的有 30 家，分别比 2012 年增加 3 家、1 家、0 家和 5 家。

表 5-3　2012~2014 年江苏省省级重点农产品批发市场交易情况表

年份	数量/个	交易额/亿元	交易额增长率/%	超 100 亿元市场个数	超 50 亿元市场个数	超 30 亿元市场个数	超 20 亿元市场个数
2012	68	2208.94	—	6	12	21	25
2013	68	2651.70	20.04%	9	12	22	26
2014	68	2910.00	9.74%	9	13	21	30

资料来源：根据江苏省农业委员会提供的资料整理

三、农产品流通发展现状

1. 农产品批发市场

如表 5-1 所示，2014 年，江苏省已建成亿元以上农产品批发市场 104 个，总营业面积 350.81 万平方米，总成交额为 1450.17 亿元。其中：亿元以上粮油市场 10 个，成交额 192.52 亿元；肉禽蛋市场 29 个，成交额 302.75 亿元；水产品市场 24 个，成交额 276.70 亿元；蔬菜市场 17 个，成交额 220.48 亿元；干鲜果品市场 9 个，成交额 160.41 亿元；棉麻土畜、烟叶市场 2 个，成交额 232.55 亿元；其他农产品市场 13 个，成交额 64.76 亿元。

农业部从 1995 年起在全国推行定点农产品批发市场联系支持制度。2014 年，江苏省农业部定点农产品批发市场总数为 33 家，包括产地市场 14 家，销地市场 19 家。其中：农产品综合批发市场（包含蔬菜及水果市场）26 家，特色产品（包含水产品）市场 4 家，肉禽蛋市场 1 家，粮油市场 2 家。据江苏省农业委员会资料显示，2014 年江苏省农业部定点农产品批发市场交易总额达 2239.20 亿元（表 5-2）。

江苏省农业委员会也组织开展了省级重点农产品批发市场的申报认定工作。如表 5-3 所示，2014 年，江苏省省级重点农产品批发市场数量为 68 家，包括产地市场 39 家，销地市场 29 家。其中：农产品综合批发市场（包含蔬菜及水果市场）47 家，特色产品市场（包括水产品市场）11 家，肉禽蛋市场 5 家，粮油市场 5 家。据江苏省农业委员会资料显示，2014 年江苏省省级重点农产品批发市场交易总额达 2910.00 亿元，年交易额突破 100 亿元的有 9 家、超 50 亿元的有 13 家、超 30 亿元的有 21 家、超 20 亿元的有 30 家。

2. 供销合作社

2014 年，江苏省供销合作社在各政府部门的领导之下，认真贯彻我党十八大、十八届三中、四中全会和省委十二届六、七次全会精神，落实中央和省农村工作会议精神，时刻紧抓改革和发展，将为农服务作为工作宗旨，力求稳中求进，实现全系统的健康发展，保持良好增长态势。

江苏省供销合作社系统包括 13 个省辖市供销合作社，83 个县（市、区）供销合作社，1150 个基层供销合作社。全省范围内，社员以及干部职工总数超过 70 万。江苏省供销合作社系统省市县乡村五级为农服务组织体系和农村商品流通体系“两大体系”基本建立，合作社、联合社、社有企业“三大板块”协调发展，农业生产资料、日用品、农产品、再生资源、烟花爆竹、非处方药品网络“六大网络”覆盖城乡，培育出苏果、苏农、苏物联、宏信、常客隆、江苏商联等一批闻名全省乃至全国的行业龙头企业（中国供销合作网，2014）。

2014 年，江苏省供销合作社系统共实现销售额 8200 亿元，比 2013 年增长 22.80%。其中，实现农产品市场交易额 1479 亿元，增长 18.00%；实现农副产品购进额 1414 亿元，增长 28.10%。系统内农产品交易市场、农产品平价店、农民专业合作社、农产品经营公司日益增多，产销对接活动深受老百姓欢迎，供销合作社发挥的农产品流通作用日益显著。2014 海峡两岸（江苏）名优农产品展销会（简称农展会）上，有 36 个单位分别签订了合作采购意向、合同，协议金额达 8.20 亿元，参展企业销售各类农产品 1700 余万元，再次刷新农展会记录。此外，各地供销合作社也举办了形式多样的产销对接活动，打通了农产品进城、出省通道，成为农产品走向市场的重要平台，促进了农民增收（王丹和王洋，2015）。

2014 年，江苏省供销合作社系统继续推进“新网工程”建设，确定 68

个新网工程专项资金扶持项目，包括 30 个农产品项目。新办连锁企业 14 个，累计建办 269 个；新建配送中心 16 个，累计建办 358 个；新增连锁网点 1879 个，累计达 45866 个（王丹和王洋，2015）。

2014 年，江苏省供销合作社系统继续推进农产品市场体系建设。全力打造江苏省供销合作社农产品市场信息平台，建立完善鲜活农产品信息的收集、整理和发布制度，并与江苏省供销合作网和江苏省农产品经纪人资讯网相链接，为农产品批发市场、农贸市场、连锁超市、农民专业合作社、农产品基地及广大农户提供农产品实时价格信息。截至 2014 年 6 月，全系统共新建和改造升级 16 个农产品市场，农产品市场总数累计达到 310 个；农产品市场交易额达 693 亿元，同比增长 11.30%（中国供销合作网，2014）。

2014 年，江苏省供销合作社系统继续推进农产品电子商务平台建设。积极发展“网络+实体”销售模式，创新农产品销售模式，拓展农产品销售渠道。江苏省供销合作社系统共有电子商务企业 81 家，实现销售额 17.70 亿元，同比增长 4.3 倍，拥有诸如南京市高淳区和泰州市供销合作社创办的“特色中国·高淳馆”、“特色中国·泰州馆”、常客隆创办的家易乐生鲜直投站、兴化市供销合作社开展的新合作电子商务等一批企业（王丹和王洋，2015）。

江苏省各地供销合作社纷纷针对农产品流通进行创新，利用电商平台打造发展新优势。例如：淮安市洪泽县供销合作社联合开放办社骨干企业共同组建爱食派农产品电子商务专业合作社。经过不断完善和配套设施建设，该社已经逐步形成具有收购、加工、冷藏、物流配送一体化的农产品销售平台。国家级地理商标产品“洪泽湖螃蟹”、江苏省著名商标“禾采”牌大米、“赵集粉丝”以及“淮供”牌农产品等 1300 多个名、特、优产品纷纷进网开店，呈现出小网站、高人气的热闹景象。该平台充分借助龙头企业广泛的商脉和联合社较强的跨区域业务能力，进网开店的客户已从江苏发展到山东、河南等地。2014 年，该社养殖户实现了 15%的经济效益增长。合作社全年发展了 210 个加盟店，截至 11 月，销售各类农产品超过 9700 万元（王丹等，2014）。

3. 农产品直供（直销）店

为了促进和发展农产品流通，江苏省将工作重心放在解决“最后一公里”的问题上。一方面继续以农业专业销售联合社为重，对以“苏合”为代表的农产品专业销售联合社进行强有力的扶持，鼓励并组织农民抱团销售，与消费者、市民进行面对面对接；另一方面实施“鲜活农产品直供社区”三年行动计划[①]，预计至少建设 1000 家社区直供示范店（站），从而形成布局合理、流通环节少、成本低、现代化水平高的农产品零售体系。

目前，以农民专业合作社为主导的农产品直供（直销）主要以打造“苏合”农产品销售合作联社为主。“苏合”销售联社组织农民合作社在城市开设直销店，实现“农社对接”。重点发挥“苏合”销售联社联席会议制度作用，建立“苏合”销售联社间信息交流、产品互通网络平台，在江苏农业网、江苏优质农产品营销网发布“苏合”农产品信息，并向江苏省高校后勤协会学生伙食管理专业委员会提供“苏合”农产品信息，助推“苏合”销售联社健康发展和做大做强。2014 年，江苏省“苏合”销售联社 95 余家，在城市开设直营店超过 270 个，基本实现县域范围全铺开；进城直销农产品超过 31.00 亿元（江苏省农业委员会办公室，2014）。

为推动江苏省农产品流通链条的一体化经营和零售终端的多元化、现代化发展，江苏省商务厅推出了“鲜活农产品直供社区”三年行动计划。截至 2014 年 3 月 7 日，江苏省所辖 12 市的 16 家企业建成 392 个社区直供示范店（站）（江苏省商务厅，2014）；2014 年 9 月，江苏省又确定 21 个企业作为 2014 年鲜活农产品直供社区示范工程的承办企业，并拟予资金扶持（表 5-4）。其中，如江苏泰州的泰供海诞现代农业发展有限公司（以下简称泰供）以及海陵区江南春蔬菜有限公司（以下简称江南春）分别在海陵、高港、姜堰以及高新四个区提供农产品直供（直销）服务，已经建立相应的配送中心 3 个，涉及的终端直供（直销）门店达 60 个，社区直取网点超过 150 个，单位配送网点达到 100

① 该计划 2013 年启动，2014 年全面推广，2015 年实现各省辖市区域内全面性的覆盖。

个，服务范围超过 100 个小区、1000 住户，发展稳定网络客户数量超过 5000 户。此外，泰供公司还专门搭建了线上交易平台，实现预约到配送全流程追踪和服务。江南春公司则建立了“江苏买菜网”，将线上服务同线下产品进行结合，建立立体化营销模式（江苏农业网，2015）。农产品直供社区三年行动计划直接指向“最后一公里”问题，给普通老百姓带来了三大便利：第一就是实现平价消费。这种流通模式能够使得整个环节减少，成本得到控制，与实体农贸市场相比较，价格也更有优势，能够较好地避免区域垄断问题；第二就是能够实现便捷消费。利用社区服务来完成零售终端的功能，居民能够更为便捷地完成产品购买；第三就是实现安全消费。整个体系中，农产品的供应都是由省内龙头企业负责，各个环节操作以及产品质量都能够得到有效的保障。

表 5-4　2014 年鲜活农产品直供社区示范工程承办企业公示名单

序号	地区	企业全称
1	南京	江苏惠生活电子商务股份有限公司
2	无锡	无锡益健生态农业科技有限公司
3	徐州	江苏食亿家农产品发展有限公司
4	徐州	徐州市贾汪区康田农产品营销专业合作社
5	徐州	江苏欢乐买商贸股份有限公司
6	常州	江苏凌家塘市场发展有限公司
7	常州	常州市新怡华超市连锁有限公司
8	苏州	江苏随意信息科技有限公司
9	苏州	江苏新合作常客隆连锁超市有限公司
10	南通	江苏惠生农副产品物流有限公司
11	南通	江苏品德超市连锁有限公司
12	连云港	连云港市菜篮子电子商务有限公司
13	盐城	江苏雅家乐集团有限公司
14	盐城	盐城坤源惠万家农副产品有限公司
15	扬州	江苏宏信超市连锁股份有限公司
16	镇江	镇江农副产品批发市场有限公司
17	镇江	句容市便民超市有限公司
18	泰州	江苏泰供海诞现代农业发展有限公司
19	泰州	泰州市江南春蔬菜有限公司
20	宿迁	宿迁市来此买网络科技有限公司
21	昆山	昆山市城区农副产品实业有限公司

资料来源：江苏省商务厅（2014）

四、农产品流通区域比较

1. 苏南、苏中、苏北农业部定点农产品批发市场比较

表 5-5 描述了 2012~2014 年江苏省各类农业部定点农产品批发市场的区域分布和交易情况。2012~2014 年，江苏省农业部定点农产品批发市场区域分布情况没有发生变化。苏南各类农业部定点农产品批发市场总数维持在 16 个，为江苏省最高，占全省各类农业部定点农产品批发市场总数的 48.49%；苏北次之，为 9 个，占全省总数的 27.27%；苏中最低，为 8 个，占全省总数的 24.24%。

表 5-5　2012~2014 年江苏省各类农业部定点农产品批发市场区域分布和交易情况

区域	年份	数量/个	占比[a]/%	交易额/亿元	占比[b]/%
苏南	2012	16	48.49	1260.92	69.67
	2013			1416.60	70.11
	2014			1600.10	71.46
苏中	2012	8	24.24	254.77	14.08
	2013			266.90	13.21
	2014			283.70	12.67
苏北	2012	9	27.27	294.08	16.25
	2013			336.90	16.68
	2014			355.40	15.87
江苏省	2012	33	100.00	1809.77	100.00
	2013			2020.40	100.00
	2014			2239.20	100.00

资料来源：根据江苏省农业委员会提供资料整理

a.指各地区各类农业部定点农产品批发市场数量占全省各类农业部定点农产品批发市场总数的比重。

b.指各地区各类农业部定点农产品批发市场交易额占全省各类农业部定点农产品批发市场销售总额的比重。

2012~2014 年，苏南各类农业部定点农产品批发市场的交易额与占比都逐年递增。苏南各类农业部定点农产品批发市场的交易额从 2012 年的 1260.92

亿元增至 2014 年的 1600.10 亿元，增加了 339.18 亿元（增幅为 26.90%）。同时，苏南各类农业部定点农产品批发市场的交易额占全省各类农业部定点农产品批发市场交易总额的比重也从 2012 年的 69.67%升至 2014 年的 71.46%。

2012~2014 年，苏中各类农业部定点农产品批发市场的交易额逐年递增，但占比则逐年递减。苏中各类农业部定点农产品批发市场的交易额从 2012 年的 254.77 亿元增至 2014 年的 283.70 亿元，增加了 28.93 亿元（增幅为 11.36%）。相反，苏中各类农业部定点农产品批发市场的交易额占全省各类农业部定点农产品批发市场交易总额的比重则从 2012 年的 14.08%降为 2014 年的 12.67%，说明其他地区的交易额增速相对苏中更快。

2012~2014 年，苏北各类农业部定点农产品批发市场的交易额逐年增加，从 2012 年的 294.08 亿元增至 2014 年的 355.40 亿元，增加了 61.32 亿元，增幅达 20.85%。但苏北各类农业部定点农产品批发市场的交易额占全省各类农业部定点农产品批发市场交易额的比重呈现先增后降的趋势，先从 2012 年的 16.25%增加到 2013 年的 16.68%，后下降到 2014 年的 15.87%。

整体来看，虽然 2012~2014 年苏南、苏中和苏北各类农业部定点农产品批发市场的交易额占全省交易额比重出现波动，但是各地交易额绝对值逐年递增。苏南表现最优，无论是在市场数量上，还是交易额和交易额占比都遥遥领先，且交易额和占比逐年增加。

2. 苏南、苏中、苏北省级重点农产品批发市场比较

表 5-6 描述了 2012~2014 年江苏省各类省级重点农产品批发市场区域分布和交易情况。2012~2014 年，江苏省各类省级重点农产品批发市场区域分布情况没有发生变化。苏南各类省级重点农产品批发市场数量最多，达 28 个，占全省各类省级重点农产品批发市场总数的 41.18%；苏北次之，为 23 个，占全省总数的 33.82%；苏中最少，只有 17 个，占全省总数的 25.00%。

2012~2014 年，苏南各类省级重点农产品批发市场交易额逐年增加，从 2012 年的 1402.38 亿元增至 2014 年的 1796.10 亿元，增加了 393.72 亿元，增

幅达 28.08%。但苏南各类省级重点农产品批发市场的交易额占全省各类省级重点农产品批发市场交易总额的比重逐年下降，从 2012 年的 63.49%降至 2014 年的 61.72%。

表 5-6　2012~2014 年江苏省各类省级重点农产品批发市场区域分布和交易情况

区域	年份	数量/个	占比 [a]/%	交易额/亿元	占比 [b]/%
苏南	2012	28	41.18	1402.38	63.49
	2013			1667.10	62.87
	2014			1796.10	61.72
苏中	2012	17	25.00	420.28	19.03
	2013			479.00	18.06
	2014			407.20	13.99
苏北	2012	23	33.82	386.28	17.48
	2013			505.60	19.07
	2014			706.70	24.29
江苏省	2012	68	100.00	2208.94	100.00
	2013			2651.70	100.00
	2014			2910.00	100.00

资料来源：根据江苏省农业委员会提供资料整理

a.指各地区各类省级重点农产品批发市场数量占全省各类省级重点农产品批发市场总数的比重。

b.指各地区各类省级重点农产品批发市场交易额占全省各类省级重点农产品批发市场销售总额的比重

2012~2014 年，苏中各类省级重点农产品批发市场交易额表现出先增后降的变化趋势，先从 2012 年的 420.28 亿元增加到 2013 年的 479.00 亿元，后下降到 2014 年的 407.20 亿元。苏中各类省级重点农产品批发市场的交易额占全省各类省级重点农产品批发市场交易额的比重逐年下降，从 2012 年的 19.03%降至 2014 年的 13.99%。

2012~2014 年，苏北各类省级重点农产品批发市场发展势头强劲，无论是交易额还是占比都呈显著增长趋势。交易额从 2012 年的 386.28 亿元增加到 2014 年的 706.70 亿元，接近翻了一番；占比从 2012 年的 17.48%提升为 2014 年的 24.29%，增幅接近 7 个百分点。

总体来看，2012~2014 年，苏南各类省级重点农产品批发市场发展稳定，交易额稳步提高，苏北发展势头强劲，交易额和占比都有大幅提高。

3. 苏南、苏中、苏北“苏合”销售合作联社比较

近年来，“苏合”销售合作联社发展迅速，为江苏省农产品流通建设做出了重要贡献。

截至 2014 年底，苏南五市共成立“苏合”销售合作联社 20 家，拥有门店 59 家，年总销售额超过 8 亿元；苏中三市共成立“苏合”销售合作联社 20 余家，成员合作社 500 余家，拥有农贸市场、直销门店及直销窗口 120 余家，年总销售额超过 12 亿元；苏北五市共成立“苏合”销售合作联社 55 家，成员合作社 94 个，拥有门店 90 家，年总销售额超过 11 亿元（江苏农业网，2014）。

第六章　江苏农村农业生产经营发展典型案例评析

1. 高淳区农村土地承包经营权确权登记颁证

（1）基本情况

自2012年以来，高淳区先后抓住被国家农业部确定为江苏省6家农村土地承包经营权确权登记颁证试点单位之一、被江苏省确定为南京唯一的省级农村改革试验区、被南京确定为全市唯一的农村土地承包经营权确权登记颁证工作整体推进地区等契机，积极推进东坝镇红松村农村土地承包经营权确权登记试点工作，聘请省地质测绘院驻村，用图解加实测的办法摸清了农民承包地的面积等情况。2014年5月，已顺利完成东坝镇红松村土地承包经营权权确权登记试点工作；2014年8月，全区推开确权登记颁证工作；到2014年底，高淳区134个行政村中已有12个村全部完成确权登记颁证工作。

（2）具体做法

一是严格遵循前期准备、入户摸底、勘测成图、公示审核、登记入簿、资料归档“六步工作法”。在前期准备环节，充分尊重农民意愿，科学确定登记对象；在入户摸底环节，安排调查人员对二轮承包和目前农户情况进行实地调查；在勘测成图环节，通过组织现场指认地块权属、计算机绘制基本地形图来建立信息数据库；在公示审核环节，重点实行公示核实、查漏补缺，解决权属争议；在登记入簿环节，建立登记簿明确农户承包地块空间位置；在资料归档环节，严格依照上级要求，对承包档案资料进行归档，真正把承包地块、面积、空间位置和权属证书落实到户，确保年内基本完成所有村的登记工作。

二是注重培训宣传引导。结合工作进度和存在问题，定期或不定期采用以会代训、专题培训等形式，着重对农经办主任及业务人员进行培训；充分考虑村组抽调人员的接受能力，深入浅出，讲清确权登记究竟是一项怎样的工作、目的意义、政策要求及如何开展；现场解答提问，确保培训效果；全面推开，坚持培训到镇，各镇分别进行培训，培训对象主要包括乡镇干部和村干部；针对有要求和土地承包经营矛盾纠纷较多的地方，坚持培训到村到组；凡农工委没有培训到的村，要求所在镇农经办必须培训到村、解释到组，由村宣传到户。

三是坚持以问题为导向，认可为标准，稳定为前提，质量为目标，积极做好指导工作。高淳区结合各镇非规范性用地等特点，提醒并帮助做风险评估，进行前瞻性指导。镇村反映问题，第一时间内组织应对，把脉会诊，倾力服务，提出意见和建议。为提高工作效率，强化指导效果，要求各镇梳理汇总“疑难杂症”，采取农工委到镇、到村集中会商的办法进行指导，同时对于会商始终把握一个原则，即决不以干部议事代替群众自主协商。

四是精心组织，确保各方互动，强化联动推进。确权登记是一项全新的工作，需要区镇村三级和测绘队共同努力，还涉及招投标。首先，确保区镇村三级互动。高淳区高度重视镇村反映的困难和问题，强化服务理念，倾力支持、配合和协调。增强计划性，力争做一步看二步想三步，并及时与镇村沟通。对于镇村提出的批评、意见、建议，及时整改和办理。其次，严格操作程序，积极做好招投标工作。最后，跟踪技术规程，确保与测绘队的互动。加强学习，了解测绘基本知识，研究农业部技术规程，发现测绘工作中存在的问题，及时进行提醒和纠正。

五是坚持将“不上访”和“不重来”作为工作的底线。确权登记政策性强，涉及千家万户切身利益。同时，确权登记要求高、成本大。“不上访”，要求大事不出镇，小事不出村。高淳区注重做好可能影响农村社会稳定因素的排查指导工作，发现问题，超前提醒，并积极协助化解。充分尊重群众的知情权、参与权和决策权。对于争议较大、无法达成一致的矛盾纠纷，以不激化矛盾为前提，所涉面积采取暂缓登记的办法。接好每一个咨询电话，高度重视来信来访。针对非规范性用地等情况，严格指导暂缓登记范围。“不重来”，始终坚持质量推进，测绘操作符合技术规程，精度和误差符合要求。始终坚持群众认可推进，工作中尽力动员群众参与，结果让群众满意。力争每组每村甚至每家每户的测绘结果一次性生成，避免测绘工作推倒重来。靠前指导，努力在村组和测绘现场发现问题，对违背政策、影响公平公正和不符合技术要求等行为进行纠偏补正。试点中聘请第三方对 11 个村采取随机抽查办法，掌握测绘施工方的测绘精度和准确率，强化质量监督。对测绘队员开展政策和农村土地承包经营实际情况的讲解，克服他们单纯从技术层面看待问题的缺陷。对群众的疑问做好现场核实与资料核对，并让当事人参与进来，直到查出原因弄清真相。采取先签字后公示办法，提高一次性公示的群众认可度。

（3）发展成效

通过在东坝镇红松村试点，高淳区基本探索出了一条符合高淳特点的农村土地承包经营权登记方法。2014 年红松村试点工作已经基本结束，本次登记发证 1117 户，登记面积 9279.42 亩，登记地块 6451 块。总体来说，高淳区在试点工作中依托地理信息系统，在二调成果的基础上，帮助承包农户明确了地块四至和空间位置，完善了二轮承包以来的档案资料，实现了确权到户，地块证、地、图、簿的有机统一，为推进农村土地承包经营权长久不变做了积极有益的探索。高淳区通过确权登记颁证，达到了理顺承包关系、完善承包档案、摸清土地家底、促进农民土地资产保值增值的成效。

（4）经验启示

启示一：坚持以点带面，放大示范效应。高淳区牢牢把握“稳定和完善农村基本经营制度这个‘魂’，紧扣确权以确地为主这个‘纲’，做实农村土地承包经营权确权登记颁证这个'目'"的要求，采取镇为主体、以点带面、示范引领的方式，在全区范围内着力推开确权登记工作。

启示二：统筹确权赋能，放大富民效应。高淳区通过土地要素的确权赋能，有效促进土地资产保值增值，为农业持续增效、农民持续增收拓展空间。一方面，加快建立农村产权交易市场。加快建设以镇为主、区级统一管理的产权交易体系，增强土地流转的规范性，大幅提升土地资源的流转率，提高农民土地财产性收益。另一方面，加快组建农民专业合作社。深入实施新型农业经营主体培育工程，创新发展劳务、农机、植保等服务型专业合作社。

启示三：突出质量为先，放大社会效应。高淳区坚持"速度服从于质量、改革服务于群众"，真正使承包地确权登记颁证的过程成为普惠基层群众、理顺产权关系、降解矛盾纠纷的过程。主要是做到"三个确保"：一是强化组织、经费、人员保障，确保不增加基层群众负担；二是完善工作思路和政策制度，确保各项举措符合农村实际和农民利益；三是建立风险管控机制，确保不因确权登记颁证引发社会矛盾。

本案例的写作参考了以下资料：

诸立新. 2015. 高淳农地确权登记的实践与思考. 江苏农村经济，（2）：38-39.
中共南京市高淳区委、南京市高淳区人民政府. 2014. 深化确权登记试点 探索农村改革新路.
淳报网. 2014-04-23. 农业部来淳考察农村土地承包经营权确权登记试点工作. http://www.chunbao.gov.cn/index.php?a=show&catid=31&id=16103&m=content.

2. 昆山市淀山湖镇和千灯镇农村土地承包经营权确权登记颁证

（1）基本情况

淀山湖镇和千灯镇是昆山市经济较为发达的乡镇，二三产业发展水平高，也是昆山市进行确权确股不确地政策的试点乡镇。根据 1998 年土地二轮承包改革时的登记簿在册人口结合现有土地使用的实际情况，两镇于 2009 年成立土地股份合作社，鼓励农户将土地自愿转给合作社，并颁发股权证书，对入股土地实行统一规划、经营和管理，所得土地收益的分配与农民拥有股份的多少挂钩。

（2）具体做法

一是科学制定方案。淀山湖镇和千灯镇均把确权确股确利作为土地承包经营权登记试点的首选形式，并科学制定了登记试点工作方案，进一步明确了农村土地承包经营权试点工作的指导思想、主要任务、工作目标、基本原则、试点内容、工作步骤和相关要求。在此基础上，先后召开了全镇村支书、村主任、村会计和村民代表会议，充分听取意见，修改完善方案，广泛宣传开展农村土地承包经营权登记试点工作的重要意义，提高村干部对试点工作重要性的认识。同时，组织举办了农村土地承包经营权登记试点工作人员培训班，系统开展业务培训，提高业务能力。采取发放宣传资料、召开座谈会等多种形式进行宣传发动，让广大农民明白开展土地承包经营权登记试点的好处和意义，尽可能减少工作阻力，增强群众参与的积极性和主动性。

二是开展调查摸底。做到两个“摸清”。①摸清土地承包管理现状。市委农办和试点镇经服中心专门设计了《农村土地承包归户变动情况表》，内容包括 1998 年农户土地承包人口、承包面积、流动面积；承包土地变动的原因和面积；将未确权土地确权到户后核增的土地面积；以 2008 年底为基点，农户家庭承包人口、承包面积和入股面积等，根据土地承包管理的基础资料，初步摸清每个农户的土地承包现状。②摸清土地承包中存在的矛盾和问题。对土地续包以来易于引发矛盾和纠纷的因素进行了摸底调查，分类梳理，并提出切实可行的解决办法。

三是精心组织实施。主张是把好“三个关”。①签字确认关。由各村村干部分工负责，每个农户自愿在《农村土地承包归户变动情况表》、入股协议和股权登记表上签字确认；并且必须由户主本人签字，不得代签、漏签，确实没有文化的由家属代签后要按上户主本人手印。②程序公正关。以土地承包经营权置换土地股份合作社股权，必须充分尊重群众意愿。试点中的每个重大事项，全部坚持民主协商，由集体经济组织成员讨论决定。对各村农户的土地承包和股权确认情况，均在村务公开栏张榜公示，做到“公平、公正、公开”，工作做细做实，避免和减少上访。③登记实施关。农村土地承包经营权核实确认后，给每个农户发放由市委农办统一印制的《农地股份合作社股权证书》。同时，按照农业部《农村土地承包经营权证管理办法》规定的登记内容，建立健全土地承包经营权登记簿，并将登记结果记载入簿，并且依托“三资”监督平台，建立土地承包管理信息系统，将土地承包经营权登记成果及时进行数据录入。

四是明确股权分配。土地承包经营权确权确股以后，在农地股份专业合作社的章程中明确规定：农地股份合作社的盈余返还，按当年土地发包经营收入加财政补贴收入扣除成本费用，先实行保底分红每股 500 元，然后提取 5%的公积金、5%的公益金和 10%的风险基金以及可按实列支 10%以内的管理费后，进行二次按股分配返还。土地股份合作社实行单独记账核算，明确村集体不得平调、挪用土地股份合作社资金、资产。

（3）发展成效

开展土地承包经营权登记试点，坚持以 1998 年土地续包为基础，不随意打乱原承包关系，不违法调整承包土地，避免了工作中的许多矛盾和问题。在这次登记试点工作中，两个镇将 4300 亩应确权未确权土地，按照 1998 年在册人口情况全部确权确股到位，较好地解决了续包遗留问题，保障了农民的土地承包权益。

试点镇把开展登记试点与化解承包纠纷结合起来，通过农地股份合作社这个载体，对弃权等争议对象在分配上也给予了一定照顾，在稳定土地承包关系的基础上适当兼顾了各方利益，农民比较满意。同时，以土地承包经营权登记为契机，加强了基础工作，规范化管理水平有了新的提高。开展登记试点以来，由于各项工作到位，两个镇没有发生一起信访事件。

（4）经验启示

启示一：开展农村土地承包经营权登记，必须保持现有土地承包关系的长久稳定。农村土地承包经营权登记工作，不是推倒重来，而是对农村二轮承包工作的规范和完善，必须保持现有土地承包关系的稳定和长久不变。

启示二：开展农村土地承包经营权登记，必须将依法落实农民土地承包权益和妥善化解土地承包纠纷进行结合。虽然不能明确四至，但当前也不宜打破队界，在登记的时候，应以村为单位，以组为基础，查清承包土地空间位置，绘制全村承包土地空间分布图，按组分布，归入承包档案。对农民的自留地，也可以在农户自愿的基础上，登记为农村土地股份合作社股权，与承包经营权同股同利，这也是对农民土地权益的更彻底保护。

启示三：开展农村土地承包经营权登记，必须坚持因地制宜，方法创新。近年来，随着城乡一体化发展格局的加快形成，农业适度规模经营得到全面推进。如果简单地照搬照抄，明确四至，可能与现有的实际不相符。因此必须因地制宜，通过确权确股确利，探索土地承包经营权新的实现形式，使土地承包经营权由空间形态向价值形态转化。

本案例的写作参考了以下资料：

中共昆山市委员会，昆山市人民政府. 2014. 昆山市探索农村土地承包经营权确权登记制度情况汇报.
中国日报. 2014-04-10. 农村改革“开闸”：多省份相继推出土地确权时间表. http://cnews.chinadaily.com.cn/2014-04/10/content_174215874.htm.

3. 句容市戴庄有机农业专业合作社

（1）基本概况

戴庄有机农业专业合作社成立于2006年，由村党支部委员会和村民委员会（以下简称“村两委”）牵头组建，得到了农业专家赵亚夫的悉心指导；于2007年7月在工商部门登记，注册商标为“野山小村”，主要生产有机水稻、桃、草莓、畜禽等产品。戴庄位于句容市最南端，地处句容、溧阳、溧水三县（市）交界，总面积15600亩、全村农户866户、总人口2879人。目前，戴庄有机专业合作社的入社农户812户，占全村农户的93%，所涉耕地面积4200多亩。2013年，合作社加工、销售农产品金额达1000多万元，提取公积金 107 万元，成员户均年纯收入达到 16600 元。

（2）具体做法

一是生产经营。合作社坚持家庭承包经营为基础，走“经营在农户，服务在合作社”的道路。一方面，通过实施农田水利设施和土地整治等财政投资建设项目，提高耕地质量，整理后的土地仍由农户家庭承包经营。另一方面，合作社围绕“六个统一”进行服务，即统一规划生产布局、统一技术培训、统一标准化生产技术规程、统一免费供应种子和农资、统一品牌、统一组织产品销售，解决了一家一户难以解决的事情。此外，合作社创办了大米加工厂，将稻谷加工成有机大米，统一品牌、统一包装、统一价格，在上海、南京、杭州等城市的销售窗口或直销店销售。

二是盈利分配。合作社建立了利益共享、风险共担的紧密型利益联结机制。2013 年以前，合作社采取按亩平均分配的办法：一次分配，按 550 千克/亩普通稻的市场价保底分配，对高产农户奖励菜饼等有机肥；二次分配时，稻谷加工成有机大米统一销售后取得的利润，在提取公积金后，按每年 300 元/亩分配。2013 年之后，合作社为了调动成员生产积极性，将二次分配即有机大米销售后取得利润的 80%，以稻谷交售量结算返还，亩产越高，收益越多；其余 20%的利润作为公积金留在合作社。合作社允许农户自销有机桃等农产品；同时，也提供统一销售服务，获取的利润除提取 10%的公积金外，按代销数量返还。合作社公积金除发展生产外，根据成员意愿，使用一部分用于建设村里的农田水利、道路、电力等基础设施，改善全村村民生产生活条件。

三是管理监督。合作社按照“民办、民管、民受益”的原则，设有理事会、监事会、成员代表大会，实行一户一票制。合作社中的重大事情、成员关心的重大问题，由成员代表大会或理事会讨论决定，切实维护成员的知情权、决策权、管理权、监督权。合作社理事会由村两委的部分人员兼任，会计面向社会公开招聘，节省了监管成本。合作社干部由财政供养，不从合作社领取工资，减轻了合作社负担。年终合作社对干部实行适量的补贴，表示成员对干部工作的肯定，进一步提高了干部的责任感。

四是生态管理。在经济发展的同时，合作社注重对全村生态环境的改善，遵循有机生产的理念，采用资源节约、环境友好生产方式。合作社以秸秆、菜饼、畜禽粪便还田替代化肥，以秸秆醋液、生物农药等替代化学农药，实现了全村化肥及化学农药的年用量比过去减少 70%。田间的生物多样性得到改善，基本消失的青蛙、小鱼等许多小动物和白鹭等各种鸟类明显增多。2010年，合作社被环保部核定为国家级有机食品基地。

（3）发展成效

一是找到了一条丘陵山区农业综合开发的路子。合作社因地制宜以有机水稻种植为主，组织和指导成员开展多种经营；在岗坡地发展有机桃和有机茶；在桃树行间发展养殖业；并开发了有机农业观光旅游资源。目前，合作社种植有机水稻面积达到 3000 亩，每年稻谷产量 140 万斤；有机果树 500 亩，每年桃子产量 100 万斤；茶 400 亩；蔬菜 200 亩；养殖畜禽 3 万余只。此外，每年各地慕名前来戴庄观光休闲的游客达 5000 多人次。

二是找到了一条纯农区农民加快增收共同致富的路子。合作社统一免费供应种子、按批发价供应农资，与普通农户分散购买相比，平均每亩每年节约成本 400 多元。将稻谷加工成有机大米的销售价格平均约为 18 元/千克，能够使种植有机水稻的亩均纯收入增加近 2000 元。2013 年合作社加工、销售农产品金额达 1000 多万元，其中，有机大米 930 多万元，其他有机果品如有机桃等 50 多万元，鸡蛋、草鸡、鹅等畜禽产品 20 多万元。

三是找到了一条经济薄弱地区发展集体经济的路子。合作社坚持对内服务、对外盈利的宗旨，探索集体经济新的实现形式。针对农户经营项目的不同、规模大小的差异，合作社按照谁经营、谁受益的原则，规定由合作社帮助销售的提取利润的 10%作为公积金。

四是找到了一条科技人员投身现代农业建设的路子。合作社引进推广新品种、新技术，带领农民发展现代高效农业，完善利益联结机制，为科技人员“把论文写在大地上”提供了广阔舞台。在农业专家赵亚夫的示范带动下，如今越来越多的科技人员奔波在镇江和句容的田间地头，为全省农业科技推广发挥了示范作用。

（4）经验启示

启示一：坚持家庭经营的基础地位不变，按照“生产在户、合作服务在社”模式，发挥家庭经营的积极性。合作社因地制宜地选择了以生产有机农产品为主，合理发展生态种植业、养殖业以及观光业等高效产业。合作社根据市场信息，向成员们提供生产、科技、销售等指导服务，为农户解决了生产、加工、销售环节的难题，显著增加了农户的纯收入。同时，合作社实行村社合一的发展路子，为发展村级集体经济探索了一个有效的实现形式。

启示二：合作社在有机米生产上实行二次分配，一次分配为各农户稻谷生产的正常收入，二次分配为稻谷加工后产生利润的再分配。二次分配使社员看到了合作社带给他们的利益，调动了社员的生产积极性。

启示三：合作社推进了有机农业技术的推广应用，改善了戴庄的自然生态环境，提高了农业现代化水平。

启示四：以行政村为范围建立合作社，实施整村推进。由村党支部书记任理事长，符合农村社会环境的实际情况，可以充分发挥村干部的领导作用、提高合作社的经营管理水平。

本案例的写作参考了以下资料：

江苏省农业委员会，江苏省老区开发促进会. 2015. 江苏农民专业合作社案例评析.

谢玉梅，浦徐进，小高芸. 2014. 有机农业合作社利益分配机制：基于戴庄有机农业合作社的个案分析. 江南大学学报（人文社会科学版），13（6）：78-82.

史书龙. 2014. 借鉴戴庄经验促进村社合作. 中国合作经济，（11）：49-53.

4. 金坛市金土地有机稻米专业合作社

（1）基本概况

金坛市金土地有机稻米专业合作社是 2007 年 10 月成立的，由村集体牵头组建，由村党委书记严清华同志担任理事长。该合作社坐落在苏南茅山老区朱林镇黄金村，该村下辖16个自然村，11个村民小组，现有农户802户，基本农田4300亩。该专业合作社由负责统一经营的农地股份合作社，负责提供农业生产机械化服务的农机专业合作社以及负责加工销售的有机稻米合作社三个合作社共同组成。三个合作社各自建立了经济核算和利益分配制度。目前，农地股份合作社的土地入股农户536户，土地面积3260亩，包括有机稻1000亩，绿色优质稻2020亩，常规稻240亩。农机专业合作社有农机具138台套，农机具总资产566万元，固定资产770万元；成员共88人，其中农机操作手29人，一般务工人员59人。有机稻米合作社由村集体出资480万元兴建一座有机稻米加工厂，生产性用房1600m^2，购置了烘干、加工、包装和仓储设备；有102名成员，其中有供销社代表1名和负责销售的农民经纪人11名。

（2）具体做法

一是村集体流转土地。针对农村青壮年劳力外出务工现象增多、农田抛荒现象严重、农户之间非正规流转土地收益无保障的状况，严清华和村两委领导班子决定，村集体从不愿种地的农户手中把土地接手过来，进行统一经营。通过采取集体经营与能人承包相结合的模式，解决农田抛荒的问题，稳定农业和粮食生产；并且，按照土地流转的市场价格付给农民地租，保障失地农民的收益；同时，促进村级集体经济发展，实现强村富民的目标。

二是建立经济核算和利益分配制度。农地股份合作社的收入分配包含了三部分，其一是土地流转费，又分为保底收益和二次分红两部分；其二是上缴村集体费用，是由片区承包人按照每亩100元/年上缴给村集体的资金；其三是承包人收入。农机合作社提供水稻机械化生产服务，为土地股份合作社的服务收费为260元/亩，为非社员的村民服务收费为280元/亩；合作社年利润的70%上交村集体，30%留给合作社，用于成员培训、购买保险等。有机稻米合作社规定中标的总承包人需一次性缴纳承包金，享有1年的经营权，负责制定种植计划，出资收购稻谷、生产加工、包装和统一销售；在利润分配中，需先提取 12%用于按股分红，其次上缴村集体，剩余的全部为责任人与经纪人的收益，经纪人按照销售业绩提成。

（3）发展成效

一是实现了农地适度规模经营。2008 年，为了扩大有机稻米的种植规模，鼓励农民将土地流转给集体，村集体成立了农地股份合作社，并以土地承包经营权入股的形式推进土地流转。土地流转既增加了全村农民的财产性收益，发展壮大了村集体经济，又实现了农地适度规模经营；并且，由此成立了农机专业合作社，进行有机水稻和大田生产种植的全程机械化生产。

二是推动了合作社良性发展。农地股份合作社将入股土地划成 6 个片区，每年采用竞标的方式，在农户中选择 6 个懂管理、会操作、农事经验丰富的能人分别负责每个片区的生产经营。注重将栽培全程机械化和少量人工辅助相结合，优化劳动力组合，提高劳动生产率。此外，严格遵守有机稻米生产的要求和操作规程，保障生产高质量的有机稻米。

三是促进了村集体经济收益提高。2013 年，有机稻米合作社上缴村集体 120 万元，农地股份合作社上缴 20 万元，农机专业合作社上缴 20 万元，村级经营性净资产收入 12.5 万元，加上村干部兼任经纪人，上缴村集体的经营收入 10 万元，村集体总收入 182.5 万元。这部分集体收益主要用于基础设施建设，修建道路、市民广场、健身设施等，以及发放各类救助。

四是改善了社员和村民生活状况。农地股份合作社的发展为农民带来了一定的土地租金收入，还促进了农村劳动力的转移，增加了村民的外出务工收入。按照有机稻米的售价 28~30 元/千克估算，负责农地生产经营的责任人和经纪人的年收入可以达到 20 万元左右。至 2013 年，全村人均年纯收入 18400 元，实现了合作社发展、村集体经济壮大和农民收入增加的共赢局面。

（4）经验启示

启示一：建立符合实际的生产经营机制。合作社采取村集体经营与能人承包相结合的经营模式。在农户土地入股的基础上，合作社划分为 6 个片区，对外招标选择既懂农业经营又有丰富的农业实战经验的种田能手承包经营，这不仅解决了农村青壮年劳力外出务工造成土地抛荒现象的问题，同时又避免了集体经营易导致“搭便车”行为出现的制度弊端。与此同时，该模式促进了集体经济发展壮大。

启示二：构建合理的利益联结机制。合作社为谋求全体成员的共同利益最大化，采取集体投资、独立经营、分别核算的方法。农户参股土地按照“保底分配+二次分配”的分配方式，增加了农民土地承包权收益，提高了入股农户的满意度。在合作社务工的农户则按照劳务计酬，调动了各方面的积极性。

启示三：确立有优势的特色产业。黄金村从自身实际出发，立足当地资源发展有机稻米这一特色产业，并创办农机专业合作社和有机稻米合作社，实现了集产、加、销一体的产业化经营，延长产业链条，增加产品附加值，形成了具有较强竞争力的特色产业和新型实体，促进了集体经济发展与农民增收致富。

启示四：找准好的带头人。合作社发展过程中，严清华及现任村书记王娟充分发挥村党支部的组织优势，在熟悉村情民情、熟悉农村政策、懂得生产技能的村两委成员中选举产生合作社理事会、监事会成员。村两委成员参与合作社，带领村民发展有机稻米产业，践行“以社为家，无愧我心”的庄严承诺，发挥村干部带头致富、带领农民共同致富的“双带”作用。

本案例的写作参考了以下资料：

江苏省农业委员会，江苏省老区开发促进会. 2015. 江苏农民专业合作社案例评析.

严清华. 2013. 一个省级贫困村的合作蜕变——金坛市金土地有机稻米专业合作社理事长自述. 中国农民合作社，（2）：21-22.

5. 南通天泰粮食种植专业合作社

（1）基本概况

2009 年 4 月，南通天泰粮食种植专业合作社经工商部门注册登记。该合作社是依托乡镇农资销售、农机服务部门组建起来的，位于南通市通州区石港镇石西局。目前，合作社有社员 1184 户，其中农民成员 1176 户；入社耕地总面积 3500 亩。合作社的农机服务队，有弥雾机 76 台、开沟机 12 台、插秧机 15 台、收割机 1 台、中型拖拉机 6 台、育秧硬盘 10 万张、育秧流水线 4 套、烘干机械设备 4 套、农用车辆 8 辆，农田作业机械配套齐全。合作社除了为本合作社成员提供服务外，还为周边农户提供社会化服务，覆盖了石港、四安、刘桥、西亭、骑岸、如东等乡镇，受其服务的农户达到 3800 户。

（2）具体做法

一是土地流转。合作社以家庭经营为基础，在坚持农民承包经营权不变的前提下，本着流转自愿、价格协商、发包方鉴证和限于成员内部、连片流转为主的原则进行流转。为了确保成员的土地承包权不受侵犯，避免成员退社后发生土地纠纷，合作社在接受成员土地流转时，在该承包地周边埋设界桩并登记注明“四至”。

二是生产经营。成员土地流出后，由合作社经营层成员联合承包经营，这部分成员将获取固定的租金。如果流出土地的成员选择在合作社打工，则每人每天获得工资报酬 70~80 元，但这部分成员不参与合作社盈余返还。而不流出土地的成员，自己耕种、经营土地，可以与合作社订立服务合同，由合作社提供产前、产中、产后全托管的服务，包括种子、化肥、农药供应，育秧、供秧、插秧，病虫害专业化统防统治，机械收割，粮食烘干，粮食收购加工销售等。

三是规范管理。合作社有明确规章制度，有活动场所，设置了成员账户。合作社每年召开 1~2 次成员代表大会，代表人数占总成员数的 10%，由成员代表大会讨论决定重大事项，坚持定期不定期的召开理事会、监事会，讨论合作社运行发展事项，坚持一人一票制，做到公开办事、民主办事、规范化办事。合作社有专职的财务管理人员，使用了省农委统一开发的合作社财务管理软件。

（3）发展成效

一是提高转出土地社员的土地收益和工资收入。2013年底，合作社从523个成员手中流转土地1623.46亩，由合作社经营层成员联合承包，租金1050元/亩或大米300千克/亩。土地流转后，承包经营者拥有种植经营权，成员拥有优先打工权，打工工资为每人70~80元/天。

二是为承包经营的社员节约成本和增加收入。①合作社按照批发价为成员统一提供种子、化肥、农药等农资，每亩每年可以为成员节约生产成本55元。②合作社提供病虫害专业化统防统治服务，采用高效、长效、低毒、低残留的农药，减少了农民的农药成本，平均每亩节省30元。③合作社提供机插秧服务和稻麦收割服务，服务费用低于市场价格，每亩可为成员节省50元。④合作社提供粮食烘干服务，仅向成员收取燃料费和人工费，免除机械折旧费，每亩能够节省成本30元。⑤合作社从成员手中以高出市场价0.3元/千克收回成员种植优质稻谷，加上其他可分配盈余，每亩可为社员增收170元。总体上，合作社每年可为社员节本增收335元/亩。

三是推进了农业社会化服务。合作社全程托管式服务很好地解决了农村“有田无人种，有田无劳种”的现象，促进了农村劳动力转移。合作社实现了粮食生产从生产、收获、烘干、加工等环节的全程机械化，大大提高了劳动生产率。合作社采取的病虫害专业防治，配套长效、高效、低毒、低残留农药，降低了农药对环境的污染。

（4）经验启示

启示一：合作社对农民流转的土地，采取埋设界桩、注明“四至”的做法，保障了农民土地承包权益。

启示二：合作社提供产前、产中、产后全托管服务。从良种供应到工厂化育秧、机械化插秧，从病虫害统防统治到机械化收割等各个环节的全程托管服务，在农资供应、服务收费上为成员降低了生产成本，也消除了成员无劳力、无技术的困境。并且，合作社以高于市场价收购稻谷，解决了成员无销售渠道的后顾之忧，增加了成员收入。

本案例的写作参考了以下资料：

江苏省农业委员会，江苏省老区开发促进会. 2015. 江苏农民专业合作社案例评析.

6. 东台市东成甜叶菊专业合作社

（1）基本概况

东台市东成甜叶菊专业合作社于 2007 年 10 月成立，位于东台市三仓镇新五村。该合作社在工商登记成立初期只有 14 个成员，包括东台市东成植物种植场 1 个单位成员和其他 13 个个体成员。2009 年 9 月，合作社发展为 246 个成员，覆盖全镇 10 个村 52 个村民小组，种植甜叶菊面积 3800 亩。合作社成员出资 146 万元，包括理事长杨德成出资 10 万元，东成植物种植场出资 8 万元，其他初创时期的 12 个成员各出资 1 万元，232 个增扩成员各出资 0.5 万元。

（2）具体做法

一是“合作社+基地+农户”的经营模式。合作社坚持家庭承包经营为基础，实行“生产在家，服务在社”，耕地仍由农户家庭承包经营。合作社为成员种植甜叶菊提供“六统一”服务，即：统一种植规划布局、统一提供菊苗和农资、统一技术培训、统一生产技术规程、统一组织鲜叶收购及烘干、统一商标品牌销售，解决了分散小农户难以解决的事情。先后聘请农业局有关专家开办了 12 期甜叶菊种植技术培训班，接受培训的成员及菊农 3300 多人次，累计印发甜叶菊种植技术资料 5000 多册。2014 年，合作社申请核准注册了“东成行”甜叶菊商标。

二是加强合作社的硬件设施建设。经过几年的发展，合作社现有 6 处甜叶菊收购场地，3 栋甜叶菊储藏仓库，1 个 $100m^2$ 成员培训中心，1 个甜叶菊质量检测中心。合作社租赁了 580 亩土地建立甜叶菊种苗培育基地，可提供种苗 3.2 亿株/年。2014 年，合作社投资 110 万元新上了 1 套菊叶烘干线，以解决甜叶菊、银杏叶收购季节连续阴雨导致腐烂变质的问题。

三是注重推广新品种、新技术。在 2010 年，合作社培育出“东成 1 号”和“东成 2 号”等自有新品种，含糖苷比普通品种高 1.5%，且具有抗倒伏、抗病虫等特性。

四是实行可分配盈余返还制度。合作社的可分配盈余主要来自市场溢价部分。合作社利用组织优势参与市场竞争，统一销售的甜叶菊价格一般高于市价 1 元/千克，溢价部分提取 10%作为公积金，然后提取 60%按照成员交易量比例返还，余下的 30%按股分红。合作社提取的公积金主要用于合作社运转、设立风险基金以及扩大再生产等内容。

（3）发展成效

一是产生辐射效应，吸引周边菊农加入合作社。合作社在做好自身成员服务工作的同时，还向周边种植甜叶菊的 5600 多农户提供种苗、技术指导等服务。越来越多的周边农户因合作社提供的全程系列化服务，而主动申请加入合作社。2012 年开始，合作社根据当地银杏产业发展较快、市场需求增多的趋势，开辟了银杏种植服务和银杏叶收购销售服务。

二是给菊农带来实实在在的收益。合作社对 246 户成员优先提供甜叶菊种苗，供应价比按照市价优惠 100 元/亩，种苗款记入成员往来账，待成员交售甜叶菊结算收购款时进行抵扣。如果成员不交售甜叶菊给合作社，则不能享受优惠政策。合作社按照市场价格统一收购甜叶菊，提取纯收入的 10%作为营销费用。2013 年销售甜叶菊干叶 620 吨，实现销售额 2370 万元；收购销售银杏干叶 580 吨，实现销售额 696 万元。销售甜菊叶的溢价金额 23.70 万元，提取 10%的公积金 2.37 万元，余下的 21.33 万元按交易额和投资额的返还比例返还给成员。

三是合作社有 2 个新品种申请了国家发明专利。2011 年，东成甜叶菊专业合作社将“东成 1 号”和“东成 2 号”2 个新品种申请国家发明专利。这两个新品种亩产可以提高 50 千克左右，每年为成员及菊农提供 2 万多亩的优质苗，不仅确保了甜叶菊的品质，也使成员和菊农的每亩收益能够增加 1500 元左右。

（4）经验启示

启示一：依法抓好合作社的规范化建设。第一，内部实行民主管理，建立“三会”制度和重大问题的决策机制；第二，建立科学合理的分配机制，使成员和合作社真正成为利益共同体。该合作社通过向社员提供服务和建立盈余返还制度，不仅使成员在生产过程中得到技术指导，享受科技创新的成果；而且在产品销售所得的溢价中得到实际的利益，感受到参与合作社的优越感。

启示二：强化对成员的服务功能。依靠系列化的优质服务，合作社成员由最初的 14 户发展到 246 户，带动农户超过 5600 户。合作社不仅帮助菊农解决种苗供应、菊叶晾晒烘干等问题，还聘请专家开展技术培训、讲授种植技术规程。经过几年的发展，合作社还建设了很多自己的基础设施，为社员提供实实在在的服务。

本案例的写作参考了以下资料：

江苏省农业委员会，江苏省老区开发促进会. 2015. 江苏农民专业合作社案例评析.

7. 丰县海天农产品专业合作社

（1）基本概况

丰县海天农产品专业合作社位于丰县顺河镇王寨村。2006 年，在合作社创建前，全村人均年纯收入仅有 4600 元。蔬菜种植大户韩敬民同志发现了新的发展道路，他指出只有走联合合作发展现代化的蔬菜生产的路子，才能更好将千家万户的小生产与大市场相连接，进而实现农民增收致富。2007 年，韩敬民同志带领 52 户农户建立了海天农产品专业合作社，并于同年 11 月在工商部门注册登记。成员出资总额 520 万元，每户 3~20 万元不等，主要用于发展蔬菜现代化生产基础设施建设。目前，该合作社有 226 户成员，种植面积达 2000 多亩，其中大棚 300 亩，日光温室 200 亩；此外，合作社还有 280m^2 仓库，10 台蔬菜精播机，3 台套大型耕作机具，以及 160m^2 的办公场所，总资产达 350 多万元。合作社主要开展设施蔬菜的种植，为成员提供新品种、新技术、生产指导和销售服务等工作。

（2）具体做法

一是“经营在家，服务在社”的模式。为提高蔬菜种植水平和保障产品质量安全，合作社采用连片种植，统一整治农民流转出来的土地，建设大棚和日光温室。坚持“经营在家，服务在社”的模式，将统一整治的土地再交还给农民承包种植。如果农户不愿种植的，可由合作社将土地流转给其他成员种植，同时按照当地土地流转费向转出土地者支付租金。合作社对成员的蔬菜生产提供“五统一”服务，即统一供种、统一药肥等农资供应、统一技术服务、统一保护价收购、统一品牌销售。

二是尽量做到制度健全、机制严密、运作规范。合作社按照“入社自愿，退社自由”和“民办、民管、民受益”的原则运作。合作社现有的 226 户成员中，98%是农民。理事会成员有 11 人，实行理事长领导下的副理事长分工负责制。理事会下设办公室、财务部、生产部、技术培训部、原料采购部、产品销售部，具体负责合作社的日常运作管理。监事会共 3 人，包括 1 名监事长和 2 名监事，由成员代表担任。

三是建立科学合理的利益分配制度。合作社统一建棚，统一提供种苗、农药、肥料等农资，成员分户种植管理，产品由合作社统一按保护价收购。采取二次分配的方法，第一次分配是扣除农资和 5%的管理费用等成本后的剩余，全部支付给种植农户；第二次分配是指通过统一营销所得扣除经营管理费用后的净盈余，先按 10%提取公积金，余下的可分配盈余 60%按成员对合作社的交易量进行返还，40%部分按成员出资额、公积金量化份额、财政资金形成资产量化到成员的份额进行分红。

（3）发展成效

一是加快了蔬菜品种更新。合作社先后引进了美国“长野”辣椒、“好韦斯特”番茄等适宜丰县的 10 多个进口良种。经过品种改良后，生产的产品商品性好，市场适应性强，比传统品种单产要高出 10%以上，价格上浮 20%左右，已逐步形成当地的主打产品，创出了品牌，占领了市场。

二是降低了蔬菜生产成本。在药肥供应上，合作社根据成员需要直接批发进货，按成员订单送货上门，这样不仅降低了生产成本，而且避免了社员使用高残留药肥。2013 年，合作社为成员供应专用肥料和农药 1500 多吨，价格比市场销售价降低 10%~20%，为成员节约成本支出 60 多万元，折合每亩平均减少成本约 200 多元。产品销售统一用“海蓝天”牌商标，这样可比其他无商标产品高出 0.1 元/千克，可使每年的收入增加 150 万元以上。

三是提高了成员的素质和标准化生产水平。合作社定期聘请植保、土肥、栽培等方面的专家教授对成员进行技术培训，发放简报和病虫害防治技术资料，及时指导成员抓好蔬菜的无公害标准化生产，严格执行蔬菜生产技术规程。

四是解决了农产品的销售难题。合作社成立前，农民种植的蔬菜大多在县、镇市场出售，或卖给菜贩子，收益甚微并且行情不稳。合作社成立后，组织有一定市场知识和营销经验的 12 位成员外出调研行情，开拓市场，与山东省寿光市万丰达农产品有限公司签订了合作发展设施蔬菜协议和蔬菜收购合同，与徐州医学院签订了蔬菜供应产销协议等，消除了蔬菜种植的销售难题。

五是带动了成员和当地农民增收致富。在合作社的带动下，成员年均收入可达 3 万元以上。顺河镇蔬菜种植面积已达到约 3000 亩，蔬菜种植的亩均效益是粮食的 10 倍以上，带动周边农民年平均增收 3000 元以上。

（4）经验启示

启示一：坚持合作社的基本理念。蔬菜种植是劳动密集型的产业，需要精耕细作，用工量大，机械化程度低。该合作社按照“经营在家，服务在社”的理念，将整治后的土地经营权按照农户的意愿，交还给农户家庭种植，坚持了以家庭经营为基础的合作社基本原则，这样更好地发挥农户的生产积极性，提高蔬菜种植水平和单位产出率。在利益分配上该合作社采取保护价收购一次分配和可分配盈余返还的二次分配，这种利益分配机制也在很大程度上提高了成员的收益。在二次分配上，合理处理按劳和按资分配的比例，体现了分配的公平性，激发了出资出劳两方面的积极性。

启示二：摸清市场抓发展。合作社打破常规，没有按照常规的“先有基地，再找市场”的发展套路，而是首先摸清市场需求，掌握市场动态；同时合作社还与外地和当地的高校、企业开展农企、农校对接，签订销售合同，形成订单农业，再组织规模生产，掌握产销主动权。

启示三：注重通过应用先进科技，提高单产和产品质量。合作社先后引进美国“长野”辣椒、“好韦斯特”番茄等适宜的良种；采用标准化生产，所有产品都通过无公害认证；注册并统一使用“海蓝天”商标，以品牌化销售，迅速占领市场；推广大棚栽培一年三种三收的栽培模式，使亩棚效益平均达1.2 万元以上。

启示四：强化服务功能。合作社对成员实行产前、产中、产后的“五统一”服务，减少中间环节，节本增收，体现了合作服务的优越性。

本案例的写作参考了以下资料：

江苏省农业委员会，江苏省老区开发促进会. 2015. 江苏农民专业合作社案例评析.

8. 清浦区黄码辣椒营销专业合作社

（1）基本概况

清浦区黄码乡部分红辣种植大户和农民经纪人为了解决小农户与大市场谈判难的问题，成立了黄码辣椒营销协会。《农民专业合作社法》颁布后，为了进一步明确法律地位，规范经营体制，保障组织和成员权益，2008 年 1 月，黄码辣椒营销协会在清浦区黄码乡组建了黄码辣椒营销专业合作社，并在工商部门注册登记。目前，合作社有 486 个成员，全部是农民成员。合作社红椒种植面积已达 38000 亩，同时带动红椒种植农户 8200 多户。合作社出资额 400 万元，主要是理事出资，最多 80 多万元，最少出资 1 万元。

（2）具体做法

一是创新营销模式，全力抢占市场竞争滩头。①合作社组建了 186 人的营销队伍，分派到北京、上海等全国大城市跑市场、搞调研、采集市场信息，并及时反馈给合作社。合作社将梳理后的信息整合，对产品采收时间、采收量、上市量进行调控，再反馈给农户，让农户对市场信息及时把控，做好采摘上市准备。同时，依托淮安市清江蔬菜批发市场，开展营销活动，吸引更多的客商，在更大范围内建立起营销网络。②合作社建立产品直销渠道，尝试自建销售终端，成立了清浦区苏合农产品销售专业合作联社。在淮安市区主要居民区开办了 2 个直营店，营业面积 200m^2。采用江苏省统一“苏合”品牌，根据规定的店牌式样，统一门店设计样式，开展统一生产、统一配送、统一管理、统一价格、统一核算和统一服务。

二是从生产源头抓起，强化产品质量基础。合作社定期邀请扬州大学、南京农业大学等院校的专家和淮安市农技推广中心的技术人员，实地指导成员学习无公害控制技术和高产优质蔬菜栽培技术等，及时解决广大成员生产中遇到的技术难题。合作社累计举办各类培训 20 期，培训成员 3000 人次。此外，培养了 6 个农产品质量安全监督员，抓好产前、产中、产后的质量监督工作，确保合作社的产品符合无公害农产品的标准。

三是实行民主管理。在民主管理方面，成员代表大会召开 4 次/年，内容为修改合作社章程、吸收或清退成员、产品销售、财务分配等重大事项的决策。表决时，实行一人一票制，需有一半以上代表成员同意才能通过。在民主理财方面，合作社编制了收购营销、财务会计、档案管理等规章制度，严格管理财务。并需要定期将合作社的财务状况向成员公开，接受群众监督。

四是在利益联结机制方面，合作社实行二次分配。第一次分配为合作社按照保护价收购成员交售给合作社的红椒产品；第二次分配为可分配盈余返还，按章程规定进行盈余返还，其中 60%以上按交易量返还，40%以下按出资额返还。

（3）发展成效

一是拓宽销路，销量攀升。目前，淮安红椒已畅销北京、广州、上海、长沙、武汉、乌鲁木齐等大城市，并远销港澳地区。2013 年，经直销店销售的红椒已达 1875 吨。

二是实施品牌战略，以品牌促销售。合作社是首批经淮安市辣椒协会许可使用“淮安红椒”商标专业营销合作组织。2010 年 3 月，合作社发起倡导成立了淮安市辣椒协会，创建了“淮安红椒”网站，成功注册了全省第一个设施蔬菜地理标志证明商标“淮安红椒”。此后，合作社于 2011 年获得了“江苏省名牌农产品”和“淮安市名牌商标”，于 2012 年获得“2011 年消费者最喜爱的 100 个中国农产品区域公用品牌”。

三是增加成员收入。按照社员大会讨论，营销人员工资 2000 元/月，其他收入按照营销人员市场营业额的千分之二奖励。2013 年，合作社可分配盈余 694 万元，其中 555 万元按成员交易额返还，139 万元按成员出资额、公积金份额、财政扶持形成的资产量化到成员账户的份额进行返还。

（4）经验启示

启示一：合作社打开了农副产品的销路，使农民生产的产品能够及时地销售出去，特别是生鲜类产品。

启示二：农副产品的巨额增值空间隐含在销售领域，抓好销售领域的合作，对提升农副产品效益，增加农民收益非常重要。

本案例的写作参考了以下资料：

江苏省农业委员会，江苏省老区开发促进会. 2015. 江苏农民专业合作社案例评析.

9. 沛县草庙蔬菜专业合作社

（1）基本概况

沛县草庙蔬菜专业合作社坐落在沛县胡寨镇草庙村。2007 年 12 月，村党支部在草庙村成立了沛县草庙蔬菜专业合作社，并在县工商局登记注册。目前，全村参加合作社的有 330 户（占总农户的 65%），入社耕地 1800 亩（占村总耕地面积的 89.9%）。合作社拥有 500 余栋日光温室，1000 余栋大棚，1 万 m^2 智能温室，4000m^2 的恒温冷库，建有 1000m^2 的蔬菜批发市场，并且有 3 辆专用运输车，专门为蔬菜生产销售服务。

（2）具体做法

一是集中土地进行整治，修建基础设施。为适应长茄等蔬菜现代化生产的需要，合作社将集中的土地进行了整治，并修建了防渗渠和田间灌溉设施，改善了生产条件。土地集中整治和蔬菜大棚建设后，合作社坚持家庭经营为基础，把整治后的土地分给农户种植。针对一些不愿种植的农户，由合作社统一流转给其他农户种植，种植户需要向转出户支付 800 元/亩的流转费。

二是开展“六个统一”服务。即“统一产业布局，统一供种供苗，统一供应农药、肥料，统一技术规程，统一品牌，统一销售。”其中，统一产业布局指的是合作社推进土地集中、产业集聚，制定草庙村蔬菜产业发展规划；统一供种供苗指的是合作社成员种植的种苗由合作社统一培育，以赊销的方式供应给成员；统一供应农药、肥料指的是合作社每年为成员统一购进化肥和农药，成员享受购买农资的批发零售差价；统一技术规程指的是合作社制定蔬菜生产和质量安全要求的相关操作规程，并向成员培训和示范等；统一品牌指的是合作社申办了“草庙”牌商标，采取有机栽培技术，产品获得了国家绿色食品认证；统一销售指的是合作社成员的产品统一由合作社负责销售。

三是实行民主管理，强化财务管理。合作社设立成员代表大会，按照相邻种植户产生代表的原则，选举 55 人组成成员代表，实行一人一票制，选举产生理事会和监事会。成员代表大会每年召开 1~2 次，决定全年工作计划、项目实施、财务管理等重大事项。合作社设有专门的财务部，聘请有专业职称的会计。合作社制定财务管理、收益分配制度，认真做好成员个人账户。

（3）发展成效

一是蔬菜生产质量得到保证，社员收入得到提高。统一供应农药、化肥，不仅杜绝了农药、肥料乱施现象，确保了蔬菜质量安全；也使成员享受了合作社集团购买农资的批零差价，降低了成本。2013 年，仅农药、化肥两项，成员就可以节省成本约 120 元/亩。

二是销量增加，合作社盈利增多。2013 年，合作社实现年生产、销售蔬菜 1.6 万吨，收入 3195 万元，实现盈余 1858.29 万元。按 10%提取盈余公积金 185.82 万元,剩下的 1672.47 万元可分配盈余按成员与本社交易量比例 90%返还，返还金额为 1505.22 万元。合作社亩均效益达到 1.70 万元，成员人均纯收入达 8000 元以上，比其他菜农多增加 1000 余元。

（4）经验启示

启示一：合作社由村党组织牵头，以村为单位组建。①有利于加强党的领导，充分发挥党支部和党员作用。②有利于提高农民进入市场的组织化程度，加快农村经济结构调整和农民产业化进程。③有利于农田整治和农业基础设施建设，为农业结构调整、规模化、集约化生产打好坚实基础。但是，这种以村为单位组建合作社的做法，必须坚持农民自愿参加的原则，不能强制推进，并且要妥善处理好合作社与村委会的关系。

启示二：合作社坚持“生产在户，服务在社”的经营理念。这一经营理念充分发挥和利用了家庭经营的积极性和农民丰富的种植经验，也体现了合作服务的优越性，节省了生产成本，提高了草庙蔬菜的市场竞争力。

本案例的写作参考了以下资料：

江苏省农业委员会，江苏省老区开发促进会. 2015. 江苏农民专业合作社案例评析.

10. 昆山市农业现代化建设

（1）基本概况

昆山市总面积 927.68 平方公里，常住人口 255 万，户籍人口 77 万。近年来，昆山市以工业化的理念推进农业产业化，并通过整合资源、做大特色、培强龙头、创优质量、打响品牌，全面提高农业经济效益和市场竞争能力，农业现代化建设取得了显著成效。

（2）具体做法

在推进农业现代化的进程中，昆山市主要坚持了“八个注重”。

一是注重农业园区建设。充分利用区位和资源优势，集中发展地区优势产品和规模经营，大力推进高效农业示范园区（基地）建设。近五年，争取各级财政资金 10 亿元，用于新建粮种、果品引繁基地，水产良种繁育基地，新农机试验基地和张浦蔬菜基地；扩建和提升千灯大唐生态园、巴城现代渔业产业园、花桥现代农业园（天福生态园）。目前全市规模型农业园区 23 家，获得国家级农业园区称号 3 个，并依托“昆山市国家现代农业示范区”、“海峡两岸（昆山）农业合作试验区”两个国家级园区为平台，着力引入台湾优良品种、先进技术和科研成果，促进昆山农业结构的调整。

二是注重“接二连三”发展。积极引进台湾现代农业产业经营的先进管理经验和开发模式，精心打造精致农业、高效农业、设施农业、生态休闲农业，拥有国家级农业产业化龙头企业 1 家，省级 3 家，苏州市级 14 家，昆山市级 22 家。高水平建设了一批农业专业园区、休闲农庄、农业公园，实现了农村与城市互动、农业与旅游业互补。

三是注重科技项目推广。全市自上而下建立了市、镇（区）、基地“三级推广体系”。近年来，全市共引进以甬优 8 号、扬麦 16 号为代表的新品种 300 个，推广农业新技术 200 多项。同时，在蔬菜种植、果品培育、水产养殖上与省农科院、浙江大学、南京农业大学、上海海洋大学等科研院所和高校建立了密切的产学研合作关系。

四是注重农业装备水平提升。积极完善“以政府为引导、集体为补充、个人为主体”的农机投入机制。

五是注重农产品质量监控。制定绿色食品生产技术操作规程46项、无公害农产品技术操作规程35项，建立农产品质量安全和产地准出、投入品、生产过程的监管网络，不断完善农产品安全追溯制度。市政府为各区镇、主要农业园区基地及龙头企业配备农药残留速测仪，完善农药残留检测制度。广泛实施产品认证和品牌创建。

六是注重农业生态环境改善。全面实施河湖林网构建、绿色通道提升、生态片林建设、村镇环境美化、园区基地绿化、森林质量提升“六大工程”建设。同时，通过大力实施秸秆还田、肥药减量工程，推广商品有机肥，实施蓝天净水工程、渔业净水工程，努力改善生态环境。

七是注重各项惠农政策落实。近年来，昆山市配套出台了《关于进一步推进农业现代化建设的意见》、《关于加大改革创新力度推进城乡发展一体化迈上新台阶的意见》、《关于加快推进农村土地流转促进农业规模经营的实施意见》等文件，加快培育新型农业经营主体，鼓励农民发展设施农业、规模农业、高效生态农业。同时，出台了《昆山市基本农田生态补偿实施办法（试行）》、《昆山市高效农业设施保险办法（试行）》、《昆山市农药价格补贴实施意见》等政策性文件。

八是注重为农服务质量提高。坚持把科技创新作为建设现代都市农业的核心动力，积极推进科技进步，创办了“昆山农林信息网”，培育了服务品牌“农友365”，启用了12316统一服务号，采用短信、微博等方式向全市农民发布农产品信息，开展疑难问题解答；同时，与昆山电视台联合开辟了“都市田园”专题节目，及时报道农林资讯、市场行情。市财政投入2000多万元，用于完善农业信息化网络，加快镇（区）农技服务中心标准化改造，建设庄稼医院、水产医院、渔业智能管理平台，大力实施农业科技入户工程，每年培训农民一万人次，为农民提供技术指导和市场信息服务。

（3）主要成效

昆山市各项农业效益指标都呈增长趋势。全市农业总产值由 2013 年的 45.98 亿元增长到 2014 年的 49.16 亿元，增加了 3.18 亿元（增幅 6.9%）；农业增加值由 2013 年的 26.9 亿元提升到 2014 年的 28.8 亿元，增加 1.9 亿（增幅 7.1%）；农业亩均效益由 2013 年的 3050 元增至 2014 年的 3244 元，每亩增加 194 元。

农业现代化建设继续领跑全国。主要成效包括：①目前全市规模型农业园区 23 家，获得国家级农业园区称号 3 个，全市设施种植面积累计达到 6 万亩；②全市有休闲观光农业企业 23 家，占地面积 1.50 万亩，从业人员 2433 人，2014 年实现农产品销售收入 1.2 亿元；③通过实施科技兴农，涌现出亩产超 500 公斤的小麦示范方和超 700 公斤的水稻示范方，全市农业科技贡献率达 65%；④昆山市农业机械化水平为 86.80%，居全省前列，全市保有农业机械总动力达到 18.11 万千瓦，而且全市农机装备结构显著优化，水稻、小麦实现了全程机械化作业；⑤昆山市“三品”认证总面积占耕地面积 90%以上，拥有无公害农产品、绿色食品、有机农产品 536 个；⑥全市林木覆盖率达到 18.40%（省公布数）；⑦昆山市已经形成了一套有利于推动现代农业发展的激励机制。

（4）经验启示

创新，是发展的动力。近年来，昆山市始终坚持以科学发展观为指导，切实抓住经济高速发展的有利时期，大力实施“以工助农、科技兴农”战略，以工业化的理念来推进农业产业化，通过整合资源、做大特色、培强龙头、创优质量、打响品牌，全面提高农业经济效益和市场竞争能力。

一是创新发展方式，积极推进农业园区建设。二是创新保障模式，实现投资主体多元化。积极拓宽投融资渠道，吸引社会资本参与农业示范区建设，形成多元化的投入机制。三是坚持把科技创新作为建设现代都市农业的核心动力，积极推动科技进步。四是创新经营理念，发展休闲观光农业。五是创新管理模式，加大各项惠农政策支持力度。六是创新服务平台，提供全方位优质服务。

本案例的写作参考了以下资料：

江苏率先建成小康社会区域性探索与实践课题赴昆山市调研纪实. 2015-09-23.
农业新闻网. 2013-10-15. 江苏昆山市创新机制推进农业现代化发展. http://www.xinnong.net/news/20131015/1124446.html.

11. 射阳县联耕联种

（1）基本概况

2013 年 8 月，射阳县首次提出“联耕联种”，并在四明镇和长荡镇的 6 个村开展试点，通过探索“农户+农户+合作社”的土地联耕联种生产模式，破解了“一户多田、一田多户”带来的一系列制约现代农业发展的难题，通过适度规模地“联”，科学有序地“合”，以农民专业合作组织来推进，实现了统一品种、统一布局、统一播种，探索出了一条稻麦主产区粮食增产、农户增收的新路，实现了社会增和谐、环境增友好、土地增肥力的综合效益。

（2）具体做法

一是建立新型经营模式，加快推进农业适度规模化、集约化经营。全面开展土地确权登记工作，积极鼓励农户之间进行合作经营。在继续稳定家庭联产承包经营的基础上，采取“农户+农户+合作社”的新型合作经营模式。在农户自愿的前提下，由村统一组织，取消田间的田埂，只在田头设置定桩，将碎片化的农地集中起来进行统一耕种，提高了粮食产量。

二是提升农业科技装备，加强农业技术指导。积极鼓励建立农机合作社，推广农机的使用；实行“四统一”，即：统一作业、统一收费、统一标准、统一分配收入；充分提高农机使用率，促进农业现代化发展。与此同时，射阳农委成立了联耕联种工作专家指导组，实行联耕联种首席专家负责制，启动了“双百工程”，从农委系统抽调 100 名农业技术骨干，每人挂钩 1 个村负责指导 100 亩以上的联耕联种示范方。

三是搭建服务平台，为推进现代农业发展打下坚实的基础。创建农业服务平台，形成以农机专业合作社为主的配套农业生产服务组织 60 多个；建立联耕联种农业网络服务平台和联耕联种服务超市，提供农资、农技、农机等服务，实现农业服务线上线下同步；引导农户与农业加工企业签订产销合同，实行订单生产；加快推进农产品电商平台建设，打造“生产、加工、销售”一条龙产业链，提升农产品附加值。

四是注重生态环境保护，积极发展生态农业。继续推广测土配方施肥技术的应用，减少农药使用量；大力推进秸秆还田技术，秸秆就地切碎、翻耕深埋、全部还田，既能节约成本，又能增加土壤有机质的含量，进而提高土壤肥力。

（3）主要成效

一是增加了耕地面积，降低了生产成本。消除田埂，可增加耕地面积 5% 左右；统一耕种，农机作业成本由 165 元/亩减少到 130 元/亩；统一育秧，成本由 120 元/亩降到 80 元/亩；统一防治病虫害，农药和化肥的使用量降低 30% 左右。

二是改善了生态环境和耕地质量。一方面，减少了农业面源污染。实行病虫害统一防治，推广测土配方施肥，农药和肥料的使用量会较以往下降 30%，有效降低了投入品过量使用带来的环境污染；联耕联种后，机械进田作业，秸秆全部耕翻还田，从根本上解决秸秆焚烧问题。另一方面，改善了土壤质地。实行联耕联种后，可有效改善土地长期依赖化学肥料造成的土壤板结状况，并且由于种植品种和播期统一，带动了统防统治，农药使用量明显减少；秸秆全量还田 1~3 年后，可增加土壤有机质 1.5%以上，改善土壤质地和提升土壤肥力，提高土地产出能力，为农业实现可持续发展创造了条件。

三是推进了农业现代化进程。联耕联种实现了土地、农机、人力、科技等生产要素的优化配置。许多合作社延伸拓展到全程服务。2014 年全县新增粮食烘干机 130 台，是 2012 年的 5 倍；全县获得国家和省补贴资金 5364 万元，享受财政补贴农户达 2472 户，推广大中型农机补贴机具 5427 台。

（4）主要启示

一是各级政府应根据各地特点，因地制宜培植一系列联耕联种示范点，要加大对村组干部的激励机制，才能化解在推进联耕联种过程中遇到的问题。同时，要加大对联耕联种田块的政策扶持。

二是要以市场化手段集中购买种子、农药等生产资料，降低农业生产成本；要妥善解决大农机具欠缺问题，在农业生产的关键季节，抓实播种、耕作、收割等各个环节，以满足联耕联种对农机具的需求；要通过签订合同规范服务流程、服务标准和服务费用，实现联耕联种的外包式服务。

三是农业生产季节性很强，必须根据季节变化不断进行技术指导措施的调整，要通过农技广播、农业信息网和 12316 短信平台及时发布防治和技术信息。农业部门要坚持问题导向，结合生产实践总结经验。

四是要按照“引导不强迫、支持不包办、服务不干预”的原则，引导农机大户、种粮大户和农户，采取带机具、土地、资金、技术等多种方式创建合作社等服务组织，推动开展横向联合与纵向协作，成立合作社联社，形成规模化、标准化、全程化的作业服务能力。

本案例的写作参考了以下资料：

新华报业网. 2015-03-13. 联耕联种：射阳农民群众的可贵创造. http://js.xhby.net/system/2015/03/13/023968945.shtml.

农业部. 2014-04-18. 射阳县依托组织优势推进土地联耕联种启示. http://www.moa.gov.cn/fwllm/qgxxlb/js/201404/t20140418_3877577.htm.

12. 建湖县为农农副产品专业合作社

（1）基本概况

建湖县为农农副产品专业合作社成立于 2008 年 6 月，现有成员 112 户，其中农民成员 111 户，主要从事草鸡养殖、收购、销售和提供家禽养殖技术信息咨询服务。2011 年获得 20 万元的省级合作社专项资助资金。2013 年实现销售额 1685 万元，盈余 169 万元。合作社先后被认定为市级、省级“五好”农民专业合作社。

（2）具体做法

建湖县为农农副产品专业合作社以合作社为载体，聚集 2 万羽以上草鸡规模养殖成员 30 多户，几百到上万羽不等的成员 70 多户，全社年养殖规模为 100 余万羽。通过把分散的农户组织起来，改变传统草鸡养殖产业相对落后的方式，通过规模化、专业化、集约化，提高了草鸡的养殖水平。具体做法如下：

统一供应苗鸡。与所有成员签订草鸡供养合同，每羽苗鸡收取成员 2 元定金。根据成员需求，确定领取苗鸡的时间、数量。在成员领取苗鸡时，建立台账进行跟踪管理。此外，根据存活率来奖补成员，比如，成活率超过 80% 的，全额返还定金后再按每羽成鸡 0.5 元奖补成员。

统一提供饲料。根据专家提供的科学饲料配方，组织购置、加工绿色食品饲料，并以优惠价向成员提供。2013 年仅豆粕就统一购置了 800 多吨，节约成本 64000 元。

统一防疫检验。养殖过程中几个阶段的防疫工作都由合作社统一提供防疫程序，并供应药品疫苗。对 30 多户规模养殖场实行每十天一检测，保证不发生重大瘟疫。

统一上市销售。一是在北京、上海、南京、杭州等大中城市建立销售网络；二是挂靠省级农业龙头企业方圆禽业公司和市级龙头企业方圆饮料公司，与其签订合同，为其提供优质草鸡；三是建立网上销售平台，在“淘宝”、“阿里巴巴”等都设有网络店铺，通过建立电子商务平台销售草鸡。

（3）发展成效

合作社培育了有一定规模的规范养殖场 30 多个，在上海、南京大中城市设立农产品直销、代销窗口 15 个，有效解决了农产品“销售难”的问题。

合作社注册“盐阜牌”商标，成为盐城市知名商标，被认定为“无公害产品”和“绿色食品”，创建成为江苏名牌农产品。

通过合作社联结带动，2013 年加入合作社的成员人均收入 1.65 万元，比未加入合作社的农户增收 28%以上，为农民增收做出了积极贡献。

（4）经验启示

合作社应着力在基地建设、规范管理、规模扩大、品牌提升等方面多下工夫。同时还要建立健全各类管理生产制度，规范各类生产技术规程，有效提高农副产品的标准化生产水平；通过产品研发和品牌建设，提高产品质量、档次及知名度，更好地利用电子商务平台的优势拓展自己的市场，有效增强合作社的竞争力。

本案例的写作参考了以下资料：

建湖县为农农副产品专业合作社. 2009-05-06. 为农农副产品专业合作社简介. http://blog.sina.com.cn/s/blog_5ff882610100dfzb.html.

13. 扬州市“苏合”东湖生态农产品销售专业合作联社

（1）基本概况

扬州市“苏合”东湖生态农产品销售专业合作联社（以下简称联社）由高邮市畜禽养殖专业合作社、扬州市天然养蜂专业合作社等 19 家在高邮市成立比较早、运作比较规范、有注册商标、有一定规模的专业合作社于 2010 年 5 月发起成立，联社注册资金 618 万元（成员共同出资）。目前，联社成员单位 22 个，拥有专业技术人员 20 人。截至 2011 年 6 月底，实现销售总收入 3584 万元。联社主要收购销售农副产品，帮助成员开展经营活动，协调成员之间关系，为成员在产品品牌、宣传策划、质量标准、技术服务、业务培训、产品销售等方面进行统一指导和协调。联社多次被江苏省、扬州市、高邮市评为“五好”农民专业合作社。

（2）具体做法

联社对直销店采取理事会领导下的门店承包经营制，各直销店在理事会的领导下，由店长承包经营，自负盈亏。各直销店销售的产品由理事会统一配送，确保优先销售成员单位的产品。如果成员单位的产品不足，经理事会商议，不足的单位可以代销其他合作社和农业企业的产品。产品销售价格由联社理事会根据合作社产品情况和市场需求与各成员单位统一协商确定，直销店不得加价销售。对销售量达到要求的成员单位，以销售量的 10%返点给各直销门店，用于支付各项开支。联社销售的农副产品都由成员合作社直接包装，使得产品“自产、自销、物美价廉”的优势得到较大程度的体现。为保证合作社规范运作，合作社较好地落实了民主管理、民主监督、民主决策。

（3）发展成效

联社直销门店的日销售总收入保持在 3 万元左右，节假日可达到 10 万元。截至 2013 年，联社总共为成员单位批发销售蔬菜、猪肉、蛋类、家禽、蜂产品、水产品等农副产品 9500 多万元，取得溢价 68 万元，其中返点直销店 28 万元，提取公积金、公益金、风险金 9.8 万元，剩下的 30.2 万按出资分红 12.08 万元，按交易量返还 18.12 万元，基本解决了成员单位的农副产品的销售难题。2013 年联社又投资了 200 多万元，建立了蔬菜批发市场，年销售量 50 多万吨，为农民及合作社增收近 150 万元。

（4）经验启示

东湖生态农产品销售专业合作联社有两个明显的特点：一是成员全部为农民专业合作社；二是自办营销店，将成员的产品直接打入城市，与消费者见面。单个合作社势单力薄，难以成为市场的主体、取得市场话语权，只有联合起来，才能形成规模优势，在市场上争得一席之地。有条件的农民专业合作组织建立联社、自办直销店的同时，也可以通过开设网售平台，解决农民专业合作社产品的销售问题。

本案例的写作参考了以下资料：

搜狗百科. 扬州市东湖生态农产品产销专业合作联社. http://baike.sogou.com/v73975895.htm.
江苏省农业委员会，江苏省老区开发促进会. 2015. 江苏农民专业合作社案例评析.

14. 江阴市金凤果品专业合作社

（1）基本概况

江阴市金凤果品专业合作社地处江阴市徐霞客镇金凤村，当地工业经济发达，大部分年轻人在企业上班或自己经营小企业，剩下的老年人无法有效地利用土地。2009 年，农民自愿流转 105 亩土地给合作社经营，2010 年，农民自愿流转扩展到 108 亩。江阴市金凤果品专业合作社成立于 2009 年 5 月，合作社现有成员 111 户，其中企业家成员 4 名，水蜜桃等果品种植面积 320 亩，并注册了“悟空仙桃”牌产品商标。

（2）具体做法

合作社民主协商实行三种经营模式：一是按照原来固定地租的方式，合作社支付农民土地租金；二是农户以土地承包经营权入股，在保底租金（固定地租的 50%）基础上，按照土地面积参与合作社利润二次分红；三是入社农户以家庭为单位自己种植，合作社提供技术支持和产后销售服务。

合作社为所有种植经营的成员提供生产资料、技术、信息、销售等系列化服务。一是统一技术规程、统一技术培训、统一防治害虫、统一新品种的引进与推广；二是统一生产资料的购买，合作社种植成员通过预定的方式将所需生产资料的品种、数量等情况报给合作社；三是统一产品销售，合作社建有市场收集机制，组织外地运销大户收购运销，较好解决了产品销售问题。

合作社设有理事会、监事会和成员大会。合作社产品实行统一收购，在扣除生产经营成本后，利润进行二次分配。

（3）主要成效

2013 年合作社年产水果 450 吨，销售额达 850 万元。合作社净利润 72

万元，其中 36 万元（50%）按成员出资额分配（货币出资分红 20.6 万元，土地折价入股分配 15.4 万元）；按土地种植面积分配 21.6 万元（30%），由实际种植户所得；提取公积金 14.4 万元（20%）。以土地入股的农户为例，每亩收入包括保底租金 425 元（固定租金 900 元的 50%左右）、土地股份分红 875 元（15.4 万元/176 亩），合计为 1300 元，高出固定租金 400 元。

（4）经验启示

合作社在解决“谁来种地、地怎么种”以及帮助贫困家庭创业、吸纳残疾人务工等方面，发挥了很好的作用。从该合作社支付土地固定租金到农户要回土地到土地折价入股的发展历程看，以土地为生产要素的合作社，绝不能采取“一脚蹬”的土地流转方式，应该鼓励土地作价入股，合作社带领农户开展自主经营。

本案例的写作参考了以下资料：

江苏省农业委员会，江苏省老区开发促进会. 2015. 江苏农民专业合作社案例评析.

15. 海门“苏合”农产品销售专业合作联社

（1）基本概况

海门“苏合”农产品销售专业合作联社，于 2009 年 8 月成立。共有 13 个成员单位，其中农民专业合作社 12 个，农业龙头企业 1 个（即海门市旺盛农产品有限公司）。成员出资总额 1000 万元，其中海门市旺盛农产品有限公司出资 475 万元，海门市海发葡萄专业合作社出资 250 万元，另外 11 个成员各出资 25 万元，主要用来建设生鲜超市、直销门店和冷库。合作社先后得到了 130 万元的财政扶持资金。

（2）具体做法

联社统一规划、统一组织产品销售、统一成立品牌，使成员的农产品对接各大超市以及全国知名批发市场。通过建立“苏合”连锁门店，让海门优质绿色农产品收益增值，实现农民和消费者的共赢。联社把“服务三农、打造特色、致富百姓、实现双赢”作为各项工作的出发点和落脚点，“打造特色、培育品牌、统一价格、统一商标、分开核算”来加强合作社之间的联系和管理。各合作社根据各自特色在全市按照无公害农产品生产技术生产，特色鲜明，分批收获，周年供应。另外，各合作社切实抓好了特色农产品的质量全程监管和品牌产品的培育。同时，还通过产地产品与市场的直接对接，建立各基地产品与市场之间的绿色通道，并充分发挥联社的调控作用，稳定特色蔬菜的上市量与价格，减少产销中间环节。

合作社内部要求管理规范，按照“民办、民管、民受益”的原则设有理事会、监事会和成员大会。成员大会由合作社全体成员组成，是合作社的最高权力机构。理事会由成员代表大会选举产生，9 个成员。监事会由 3 名监事组成，对成员的进退、财务收支、产品销售和发展项目等问题召开成员大会或理事会讨论决定。

（3）主要成效

合作社与城市消费市场直接产销衔接，实惠市民和农民。2013 年，联社销售收入 7600 万元，扣除收购产品支出 6600 万元，人工工资 200 万元，管理费用等其他费用（包括管理人员工资、折旧费、办公费、房租、加工、运输、水电费用等）120 万元，提取公积金 126 万元（占盈余的 20%）后，可分配盈余 504 万元。其中 302.4 万元（60%）按成员合作社的交易量返还，201.6 万元（40%）按成员合作社账户中记载的出资额和公积金份额、财政扶持形成的资产量化到成员的份额返还。

（4）经验启示

海门“苏合”农产品销售专业合作联社的实践说明，农民专业合作社参加城市直销合作联社对合作社的生产经营提出了新的更高的要求。合作社生产经营要有计划性和组织性，联社要发挥高度的计划组织协调作用。联社要加速推进各专业合作社无公害农产品和绿色食品的生产技术规范实施，保证进入市场的产品安全、优质、生态。联社在以原有城市为依托的基础上，应更多地为成员专业合作社提供直销店的平台，增加销售渠道，提高农产品的定价权。与此同时，联社要理清与成员社利益联结的问题，应做好相互之间共担风险、共享收益。

本案例的写作参考了以下资料：

南通科技. 2011-12-09. 海门市强强联合 成立农产品销售专业合作联社. http://www.ntkj.gov.cn/art/2011/12/9/art_19360_876973.html.

江苏省农业委员会，江苏省老区开发促进会. 2015. 江苏农民专业合作社案例评析.

参考文献

淳报网. 2014-04-23. 农业部来淳考察农村土地承包经营权确权登记试点工作. http://www.chunbao.gov.cn/index.php?a=show&catid=31&id=16103&m=content.

东海审计网. 2015-05-25. 东海加快推进农村土地确权颁证 http://www.dhxsjj.gov.cn/minshengfuwu/2015-05-25/23936.html.

东台市人民政府网站. 2014-12-20. 全市农村土地经营权确权登记明年完成. http://www.dongtai.gov.cn/art/ 2014/12/20/ art_470_238403.html.

高邮市人民政府网站. 2014-03-25. 农村土地确权登记发证工作基本结束. http://www.gaoyou.gov.cn/gaoyou/zwyw/201503/da737a78ae864cdc8ab65e00345f39a6.shtml.

海门市人民政府网站. 2014-06-21. 我市土地确权登记再推进力争年底前完成. http://www.haimen.gov.cn/default.php?mod=article&do=detail&tid=328081.

海门市人民政府网站. 2015-04-15. 全市九成村民组已发土地确权证新沂市来海交流学习. http://www.haimen. gov.cn/ default.php?mod=article&do=detail&tid=354387.

惠山市人民政府. 2015-04-21. 洛社镇召开土地确权业务培训会议. http://www.huishan.gov.cn/default.php?mod=article&do=detail&tid=285046.

建湖县为农农副产品专业合作社. 2009-05-06. 为农农副产品专业合作社简介. http://blog.sina.com.cn/s/blog_5ff882610100dfzb.html.

江都市人民政府网站. 2015-04-24. 区政府召开土地承包经营权确权登记颁证工作推进会. http://www.jiangdu. gov.cn/ xwzx/info.asp?id=213632.

江都市人民政府网站. 2015-10-29. 12 月中旬完成土地确权登记颁证. http://www.jiangdu.gov.cn/xwzx/info.asp?id=227382.

江苏国土资源. 2014-01-07. 省委省政府对全面深化农村改革、深入实施农业现代化工程作出部署. http://www.jsmlr.gov.cn/xwzx/xwbb/2014/01/10090013130525.html.

江苏农业网. 2014-03-31. 关于加快推进全省设施农业转型升级的意见. http://www.jsagri.gov.cn/announce/files/590551.asp.

江苏农业网. 2014-05-30. 关于下达 2014 年"菜篮子"工程蔬菜基地项目实施方案和资金的通知. http://www.jsagri.gov.cn/announce/files/595684.asp.

江苏农业网. 2014-10-29. "苏合"联席会议苏南组第二次会议在无锡召开. http://www.jsagri.gov.cn/suhesell/shnews/files/607813.asp.

江苏农业网. 2014-11-06. "苏合"联社联席会议苏北组第四次会议. http://www.jsagri.gov.cn/suhesell/shnews/files/608573.asp.

江苏农业网. 2014-12-19. "苏合"联席会议苏中第二次会议 http://www.jsagri.gov.cn/suhesell/shnews/files/611553.asp.

江苏农业网. 2015-02-02. 泰州市农产品电子商务情况汇报泰州市农业委员会. http://www.jsagri.gov.cn/nongchpihdizishwu/gonzodt/files/614162.asp.

江苏农业网. 2015-04-17. 农民合作社融资改革联席会议纪要. http://www.jsagri.gov.cn/jymanage/jyhzzzdt/files/619214.asp.

江苏农业网. 2015-10-15. 关于公布省级农业产业化中的龙头企业名单的通知. http://www.jsagri.gov.cn/announce/files/631091.asp.
江苏省财政厅. 2014-06-16. 农业现代化工程. http://www.jscz.gov.cn/preview/jscz/xwzx/zxyw/bxgc/201406/t20140616_58166.html.
江苏省农委农民合作社指导处. 2014. 2014 年工作总结及 2015 年工作安排.
江苏省农业龙头企业网. 2014. 农业部公布第六次监测合格农业产业化国家重点农业企业名单. http://www.jsnylt.com/DesktopModules/Articles/ArticlesView.aspx?tabID=0&ItemID=2700&mid=4164&wversion=Staging.
江苏省农业龙头企业网. 2015. 江苏新增 5 家国家级农业产业化示范基地. http://www.jsnylt.com/DesktopModules/Articles/ArticlesView.aspx?tabID=0&ItemID=2991&mid=4164&wversion=Staging.
江苏省农业委员办公室. 2014-12-24. 我省 150 家农业类合作社被评为国家示范社. http://www.jsagri.gov.cn/ e-briefing/nlgzjb/files/614061.asp.
江苏省农业委员会, 江苏省老区开发促进会. 2015. 江苏农民专业合作社案例评析.
江苏省农业委员会. 2014. 农村土地承包经营权确权登记颁证资料汇编——高淳区红松村土地承包经营权登记试点工作总结.
江苏省农业委员会. 2014. 农村土地承包经营权确权登记颁证资料汇编——高邮市农村土地承包经营权确权登记发证工作情况汇报.
江苏省农业委员会. 2014. 农村土地承包经营权确权登记颁证资料汇编——关于农村土地承包经营权确权登记颁证试点工作的情况汇报.
江苏省农业委员会. 2014. 农村土地承包经营权确权登记颁证资料汇编——金坛市稳步推进土地承包经营权确权登记颁证试点情况汇报.
江苏省农业委员会. 2014. 农村土地承包经营权确权登记颁证资料汇编——沛县农村土地承包经营权确权登记颁证工作情况汇报.
江苏省农业委员会. 2014. 农村土地承包经营权确权登记颁证资料汇编——铜山区农村土地承包经营权确权登记颁证工作汇报.
江苏省农业委员会. 2014. 农村土地承包经营权确权登记颁证资料汇编——无锡市惠山区农村土地承包经营权确权登记颁证工作实施方案.
江苏省农业委员会. 2015. 2015 年 9 月重点工作完成情况规划计划.
江苏省农业委员会. 2015. 江苏省农村土地承包经营权确权登记颁证情况介绍.
江苏省农业委员会. 2015. 省农委举办全省农村土地承包经营权确权登记颁证专题业务培训班.
江苏省农业委员会办公室. 2014. 加大工作力度按时保质完成确权登记颁证试点工作各项任务.
江苏省农业委员会办公室. 2014. 省委常委、副省长徐鸣要求: 坚持规范操作 妥善调处纠纷确保农村土地承包经营权确权登记颁证试点工作成为农民满意的工程.
江苏省农业委员会办公室. 2014. 外学典型 内控质量确保农村土地承包经营权确权登记颁证试点工作取得实效.
江苏省农业委员会办公室. 2014. 我省 150 家农业类合作社被评为国家示范社.
江苏省农业委员会办公室. 2015. 2014 年 12 月份重点工作完成情况和 2015 年 1 月份重点工作及活动计划.
江苏省农业委员会办公室. 2015. 全省农村土地承包经营权确权登记颁证试点工作取得阶段性成效.
江苏省农业委员会办公室. 2015. 我省 607 家省级以上农业龙头企业经济运行持续稳步发展.
江苏省农业委员会办公室. 2015-01-05. 第八届江苏省农民合作社产品展销会成效明显. http://www.jsagri.gov.cn/e-briefing/jsnyxx/files/614056.asp.
江苏省商务厅. 2014-03-07. "鲜活"农产品直供社区三年行动计划为市民买菜打造绿色通道. http://www.jsdoftec.gov.cn/NewsDetail.asp?NewsID=54947.

江苏省商务厅. 2014-03-18. 省商务厅关于印发《2014 年全省市场体系建设工作要点》. http://www.jsdoftec.gov.cn/NewsDetail.asp?NewsID=55150.
江苏省统计局, 国家统计局江苏调查总队, 江苏省农业委员会, 江苏省海洋与渔业局. 2013. 江苏农村统计年鉴.
江苏省统计局, 国家统计局江苏调查总队, 江苏省农业委员会, 江苏省海洋与渔业局. 2014. 江苏农村统计年鉴.
江苏省统计局, 国家统计局江苏调查总队, 江苏省农业委员会, 江苏省海洋与渔业局. 2015. 江苏农村统计年鉴.
江苏省政府信息公开. 2014-07-08. 江苏省人民政府 2014 年 5 月份大事记. http://www.js.gov.cn/jszfxxgk/sylm/szfdjs/201407/t20140708450197.html.
江苏省政府信息公开. 2014-11-18. 我省《农产品冷链物流发展规划》(2014~2002 年)出台. http://www.jiangsu.gov.cn/jszfxxgk/sylm/gzdt/201411/t20141118_461315.html.
江苏省政府信息公开. 2015-01-27. 江苏省人民政府 2014 年 12 月份大事记. http://www.js.gov.cn/jszfxxgk/sylm/szfdjs/201501/t20150127469247.html.
姜堰农业信息网. 2014-11-28. 兴泰镇沙垛村土地确权签字率达 98.3%. http://www.jysagr.gov.cn/detail.php?c=204011&i=244395.
姜堰新闻网. 2014-06-07. (姜堰)全区农村土地承包经营权确权登记颁证工作会议召开——(姜堰)全区农村土地承包经营权确权登记颁证工作会议召开. http://www.tlt.cn/tltnews/detail/id/13708.html.
金坛区人民政府门户网站. 2015 05 28. 常州农村土地确权登记颁证工作会在我市召开. http://www.jsjt.gov.cn/ZGJT/InfoDetail/?InfoID=3c61db86-2ac4-4e2f-800d-5bd9396ec899&CategoryNum=030001.
李后艳. 2015-09-30. 王海平来金调研农村确权登记和土地流转工作. http://www.jinhu.gov.cn/newsAction.do?method=view&id=4028d092501badb301501bbb9a66001b.
连云港市人民政府网站. 2015-08-10. 灌云: 农地承包经营权证本月颁发. http://lyg.gov.cn/art/2015/8/10/art_1751_605696.html.
刘安琪, 张加雪. 我市首张农地承包经营权证颁发. 连云港日报, 2015-05-07A03.
南方小麦交易市场. 2014-08-13. 靖江种粮大户及农业合作社代表座谈会顺利举行. http://futures.cnfol.com/xiaomaicaiziyou/20140813/18672584.shtml.
南通科技. 2011-12-09. 海门市强强联合 成立农产品销售专业合作联社. http://www.ntkj.gov.cn/art/2011/12/9/art_19360_876973.html.
农世界. 2014-09-11. 2014 国家农民合作社示范社公示—江苏省名单列表. http://www.nongshijie.com/a/article_5543.html.
农业新闻网. 2013-10-15. 江苏昆山市创新机制推进农业现代化发展. http://www.xinnong.net/news/20131015/1124446.html.
沛县农业委员会. 2012. 草庙蔬菜专业合作社: 带领农民"抱团"闯市场. http://www.pxnyj.com/Show1.asp?cataid=A00640007&id=701.
史书龙. 2014. 借鉴戴庄经验促进村社合作. 中国合作经济, (11): 49-53.
泗洪县人民政府网站. 2015-11-21. 泗洪加快推进农村土地承包经营权确权登记颁证工作. http://www.xzfw.sihong.gov.cn/art/2015/11/21/art_27_261919.html.
搜狗百科. 扬州市东湖生态农产品产销专业合作联社. http://baike.sogou.com/v73975895.htm.
苏州农业信息网. 2014-09-18. 江苏省 2014 强农惠农富农主要政策. http://www.nlj.suzhou.gov.cn/nlj/showinfo/showinfo.aspx?infoid=b81b1def-c0ad-4c9c-8822-435f606db01e&categoryNum=051&siteid=1.
泰州市人民政府网. 2015-07-27. 姜堰区农村土地承包经营权确权登记颁证工作现场推进会召开. http://www.taizhou.gov.cn/art/2015/7/27/art_7864_452344.html.

王丹，梁田，顾国俊. 2014-12-29. 江苏淮安市供销合作社积极利用电商平台打造发展新优势. http://www. chinacoop.gov.cn/HTML/2014/12/29/98170.html.

王丹，王洋. 2015-01-15. 江苏省供销合作社销售总额突破 8000 亿大关. http://www.chinacoop.gov.cn/HTML/2015/01/15/98598.html.

王丹，王洋. 2015-02-09. 江苏省供销合作社召开第五届理事会第十一次全体会议. http://www.chinacoop.gov.cn/ HTML/2015/02/09/98980.html.

谢玉梅，浦徐进，小高芸. 2014. 有机农业合作社利益分配机制：基于戴庄有机农业合作社的个案分析. 江南大学学报（人文社会科学版），13（6）：78-82.

新华报业网. 2015-03-13. 联耕联种：射阳农民群众的可贵创造. http://js.xhby.net/system/2015/03/13/023968945.shtml.

严清华. 2013. 一个省级贫困村的合作蜕变——金坛市金土地有机稻米专业合作社理事长自述. 中国农民合作社，（2）：21-22.

扬中农林网. 2015-09-15. 镇江市政协视察我市农村土地确权登记颁证工作情况. http://nw.yz.gov.cn/a/nonglinjujianjie/nongyexinwen/2015/0916/5749.html.

中共江苏省委新闻网. 2014-02-18. 江苏关于全面深化农村改革深入实施农业现代化工程的意见. http://www.zgjssw.gov.cn/fabuting/wenjian/201402/t1405423_6.shtml.

中共昆山市委员会，昆山市人民政府. 2014. 昆山市探索农村土地承包经营权确权登记制度情况汇报.

中共南京市高淳区委，南京市高淳区人民政府. 2014. 深化确权登记试点 探索农村改革新路.

中共南京市高淳区委，南京市高淳区人民政府. 2015. 率先探索农村土地确权登记颁证积极助推“三农”工作改革进程.

中国高校之窗. 2015-04-15. 江苏省涉农专业应届毕业生新型职业农民创新创业培训示范班在江苏农林职业技术学院开班. http://www.gx211.com/news/2015415/n6112252571.html.

中国共产党新闻网. 2014-02-18. 中共江苏省委江苏省人民政府关于全面深化农村改革深入实施农业现代化工程的意见. http://cpc.people.com.cn/n/2014/0218/c64387-24388953.html.

中国供销合作社. 2014-11-03. 2014 海峡两岸（江苏）名优农产品展销会在无锡举办. http://ntcoop.nantong.gov.cn/art/2014/11/3/art_46950_1740817.html.

中国供销合作网. 2014-09-03. 江苏省供销合作社. http://www.chinacoop.gov.cn/HTML/2014/09/03/95828.html.

中国江苏网. 2014-05-05. 江苏省设立不动产登记局. http://jsnews.jschina.com.cn/system/2014/05/05/020899933.shtml.

中国江苏网. 2014-12-23. 阳山镇先行开展土地确权，新渎社区成为“样本”. http://jsnews.jschina.com.cn/system/2014/12/23/023041613.shtml.

中国经济网. 2014-11-22. 第十二届江苏名特优农产品（上海）交易会在上海举行. http://district.ce.cn/zg/201411/22/t20141122_3960869.shtml.

中国昆山网. 2014-10-20. 加快推进土地确权登记 苏州市领导来昆调研. http://ks.jschina.com.cn/ksnews/201410/t1764707.shtml.

中国农业年鉴编辑委员会. 2014. 中国农业年鉴.

中国日报（中文网）. 2014-04-10. 农村改革“开闸”：多省份相继推出土地确权时间表. http://cnews.chinadaily.com.cn/2014-04/10/content_17421587_4.htm.

中华人民共和国. 2014-04-18. 射阳县依托组织优势推进土地联耕联种启示. http://www.moa.gov.cn/fwllm/qgxxlb/js/201404/t20140418_3877577.htm.

中央政府门户网站. 2014-01-19. 关于全面深化农村改革加快推进农业现代化的若干意见. http://www.gov.cn/jrzg/2014-01/19/content_2570454.htm.

中央政府门户网站. 2014-07-26. 江苏省政府部署 2014 年下半年“三农”重点工作 http://www.gov.cn/xinwen/2014-07/26/content_2724935.htm.
中央政府门户网站. 2014-09-04. 农业部举行专题报告会对农村改革再动员再促进. http://www.gov.cn/xinwen/2014-09/04/content_2745616.htm.
中央政府门户网站. 2014-09-29. 中央全面深化改革领导小组第五次会议: 严把改革方案质量关督察关. http://www.gov.cn/xinwen/2014-09/29/content_2758791.htm.
中央政府门户网站. 2014-12-23. 全国农业工作会议召开 部署 2015 年重点工作. http://www.gov.cn/xinwen/2014-12/23/content_2795547.htm.
中央政府门户网站. 2015-11-02. 中共中央办公厅 国务院办公厅印发《深化农村改革综合性实施方案》. http://www.gov.cn/zhengce/2015-11/02/content_2958781.htm.
诸立新. 2015. 高淳农地确权登记的实践与思考. 江苏农村经济, （2）: 38-39.

附录一　农村农业生产经营发展政策文件

一、国家政策文件

1. 农村土地承包及流转

（1）农业部关于切实做好2014年农业农村经济工作的意见（农发〔2014〕1号，2014年1月9日）

（2）中共中央国务院关于全面深化农村改革加快农业现代化的若干意见（中发〔2014〕1号，2014年1月19日）

（3）国务院办公厅关于落实中共中央国务院《关于全面深化农村改革加快推进农业现代化若干意见》有关政策措施分工的通知（国办函〔2014〕31号，2014年2月23日）

（4）农业部关于促进家庭农场发展的指导意见（农经发〔2014〕1号，2014年2月24日）

（5）国务院关于落实《政府工作报告》重点工作部门分工的意见（国发〔2014〕15号，2014年3月23日）

（6）2014年国家深化农村改革、支持粮食生产、促进农民增收政策措施（农业部产业政策与法规司，2014年4月25日）

（7）国务院批转发展改革委关于2014年深化经济体制改革重点任务意见的通知（国发〔2014〕18号，2014年4月30日）

（8）中共中央办公厅、国务院办公厅印发《关于引导农村土地经营权有序流转发展农业适度规模经营的意见》（2014年11月21日）

（9）不动产登记暂行条例（国令第656号，2014年11月24日）

（10）国务院办公厅关于引导农村产权流转交易市场健康发展的意见（国办发〔2014〕71号，2014年12月30日）

（11）国务院批转发展改革委关于2015年深化经济体制改革重点工作意见的通知（国发〔2015〕26号，2015年5月8日）

（12）国务院办公厅关于加快转变农业发展方式的意见（国办发〔2015〕59号，2015年7月30日）

（13）国务院关于开展农村承包土地的经营权和农民住房财产权抵押贷款试点的指导意见（国发〔2015〕45号，2015年8月10日）

2. 农业生产经营主体

（1）中共中央国务院关于深化农村改革加快推进现代化的若干意见（2014年1月19日）

（2）中国人民银行关于做好家庭农场等新型农业经营主体金融服务的指导意见（银发〔2014〕42号，2014年2月13日）

（3）农业部《关于促进家庭农场发展的指导意见》（农经发〔2014〕1号，2014年2月24日）

（4）国务院办公厅关于金融服务“三农”发展的若干意见（国办发〔2014〕17号，2014年4月20日）

（5）中国银监会关于金融支持农业规模化生产和集约化经营的指导意见（银监发〔2014〕38号，2014年7月31日）

（6）农业部关于推动金融支持和服务现代农业发展的通知（农财发〔2014〕93号，2014年8月1日）

（7）农业部、国家发改委等9部门《关于引导和促进农民合作社规范发展的意见》（农经发〔2014〕7号，2014年8月27日）

（8）中共中央办公厅、国务院办公厅印发《关于引导农村土地经营权有序流转发展农业适度规模经营的意见》（中办发〔2014〕61号，2014年11月21日）

3. 农产品生产

（1）国务院办公厅关于落实中共中央国务院关于全面深化农村改革加快推进农业现代化若干意见有关政策措施分工的通知（国办函〔2014〕31 号，2014 年 2 月 23 日）

（2）商务部等 13 部门关于进一步加强农产品市场体系建设的指导意见（商建发〔2014〕60 号，2014 年 2 月 25 日）

（3）关于印发《农业保险大灾风险准备金会计处理规定》的通知（财会〔2014〕12 号，2014 年 2 月 28 日）

（4）中国银监会办公厅关于做好 2014 年农村金融服务工作的通知（银监办发〔2014〕42 号，2014 年 2 月 28 日）

（5）国务院关于落实《政府工作报告》重点工作部门分工的意见（国发〔2014〕15 号，2014 年 3 月 23 日）

（6）国务院办公厅关于金融服务“三农”发展的若干意见（国办发〔2014〕17 号，2014 年 4 月 20 日）

（7）国务院关于加快发展生产性服务业促进产业结构调整升级的指导意见（国发〔2014〕26 号，2014 年 7 月 28 日）

（8）农业部关于推动金融支持和服务现代农业发展的通知（农财发〔2014〕93 号，2014 年 8 月 1 日）

（9）国务院关于近期支持东北振兴若干重大政策举措的意见（国发〔2014〕28 号，2014 年 8 月 08 日）

（10）国务院关于依托黄金水道推动长江经济带发展的指导意见（国发〔2014〕39 号，2014 年 9 月 12 日）

（11）国务院关于建立健全粮食安全省长责任制的若干意见（国发〔2014〕69 号，2014 年 12 月 31 日）

4. 农产品流通

（1）关于 2013 年东北地区国家临时存储玉米和大豆收购有关问题的通知（国粮调〔2013〕265 号，2013 年 11 月 22 日）

（2）中共中央国务院关于全面深化农村改革加快推进农业现代化的若干意见（中发〔2014〕1 号，2014 年 2 月 23 日）

（3）关于提高 2014 年稻谷最低收购价格的通知（发改电〔2014〕34 号，2014 年 3 月 3 日）

（4）国家粮食局办公室关于印发 2014 年粮食流通监督检查工作要点的通知（国粮办检〔2014〕57 号，2014 年 4 月 2 日）

（5）商务部办公厅财政部办公厅关于做好 2014 年中小企业发展专项资金商贸服务项目申报工作的通知（商办财函〔2014〕155 号，2014 年 4 月 24 日）

（6）关于印发 2014 年小麦和早籼稻最低收购价执行预案的通知（发改经贸〔2014〕1026 号，2014 年 5 月 22 日）

（7）关于印发 2014 年中晚稻最低收购价执行预案的通知（发改经贸〔2014〕2104 号，2014 年 9 月 17 日）

（8）关于做好 2014~2015 年度北方大城市冬春蔬菜储备工作的通知（发改办经贸〔2014〕2400 号，2014 年 10 月 28 日）

（9）国家粮食局办公室关于印发《国家粮食局科技兴粮示范单位遴选暂行办法》的通知（国粮办展〔2014〕254 号，2014 年 11 月 17 日）

（10）2014 年国家深化农村改革、支持粮食生产、促进农民增收政策措施（2014 年 4 月 25 日）

（11）关于做好 2014-2015 年粮食仓储设施第一批（400 亿斤）项目建设工作的通知（发改经贸〔2014〕2241 号，2014 年 11 月 19 日）

（12）关于 2014 年东北地区国家临时存储玉米收购有关问题的通知（国粮调〔2014〕254 号，2014 年 11 月 25 日）

（13）关于进一步促进冷链运输物流企业健康发展的指导意见（发改经贸〔2014〕2933 号，2014 年 12 月 26 日）

（14）关于做好与地方增产增储挂钩 400 亿斤仓容项目建设工作的通知（发改办经贸〔2014〕3066 号，2014 年 12 月 29 日）

二、江苏省政策文件

1. 农村土地承包及流转

（1）中共江苏省委、江苏省人民政府关于全面深化农村改革深入实施农业现代化工程的意见（2014 年 1 月 25 日）

（2）中共江苏省委农村工作领导小组印发《关于推进全省农村土地承包经营权确权登记颁证试点工作的通知》（苏委农发〔2014〕7 号，2014 年 5 月 16 日）

（3）江苏省政府关于进一步促进资本市场健康发展的实施意见（苏政发〔2014〕122 号，2014 年 12 月 7 日）

（4）江苏省政府办公厅关于促进农村产权流转交易市场健康发展的实施意见（苏政办发〔2015〕13 号，2015 年 2 月 11 日）

（5）中共江苏省委江苏省人民政府关于加大农村改革创新力度推动现代农业建设迈上新台阶的意见（2015 年 2 月 27 日）

（6）江苏省政府办公厅转发省农委等部门关于认真做好农村土地承包经营权确权登记颁证工作实施意见的通知（苏政办发〔2015〕36 号，2015 年 4 月 15 日）

（7）江苏省政府《关于认真做好农村土地承包经营权确登记颁证工作实施意见》（苏政发〔2015〕35 号）

2. 农业生产经营主体

（1）江苏省农委关于推进农民合作社规范发展的实践意见（苏农社

〔2014〕1号，2014年1月20日）

（2）中共江苏省委江苏省人民政府关于全面深化农村改革深入实施农业现代化工程的意见（2014年1月25日）

（3）江苏省农委《关于加强农民专业合作社示范社建设的通知》（苏农社〔2014〕3号，2014年5月29日）

（4）关于下达2014年省级农业经营体系建设项目实施方案和资金的通知（苏财发〔2014〕48号、苏农计〔2014〕29号，2014年5月15日）

（5）关于进一步做好农民合作社融资改革工作的通知（苏农办社〔2014〕3号，2014年7月23日）

（6）关于积极推动金融支持和服务现代农业发展的通知（苏农经〔2014〕9号，2014年10月29日）

（7）印发《农业部2014年度农业技术服务创新项目实施方案》（苏农办社〔2014〕5号，2014年11月10日）

（8）关于建立示范家庭农场名录制度的通知（苏农经〔2014〕10号，2014年11月27日）

（9）关于金融扶持家庭农场发展的意见（苏农经〔2014〕11号，2014年12月15日）

（10）省政府办公厅《关于引导新型农村合作金融组织规范发展的通知》（苏政办发〔2014〕61号）

（11）关于2015年全省列入政府优先扶持农民专业合作社名录库（农村社区股份合作社）名单公示（2015年4月16日）

（12）关于公布2015年省级示范家庭农场名录的通知（苏农经〔2015〕5号，2015年5月7日）

3. 农产品生产

（1）中共江苏省委、江苏省人民政府关于全面深化农村改革深入实施农业现代化工程的意见（2014年1月25日）

（2）省政府办公厅关于做好 2014 年全省农业保险工作的通知（苏政办发〔2014〕21 号，2014 年 3 月 12 日）

（3）江苏省农委关于加快推进全省设施农业转型升级的意见（2014 年 4 月 1 日）

（4）江苏省财政厅江苏农业委员会关于下达 2014 年“菜篮子”工程蔬菜基地项目实施方案和资金的通知（2014 年 5 月 30 日）

（5）省物价局省商务厅关于下达 2014 年蚕茧收购指导价格的通知（苏价农〔2014〕187 号，2014 年 6 月 4 日）

（6）省政府关于全面推进农作物秸秆综合利用的意见（苏政发〔2014〕126 号，2014 年 12 月 20 日）

4. 农产品流通

（1）江苏省商务厅关于印发《2014 年全省市场体系建设工作要点》的通知（苏商建〔2014〕194 号，2014 年 3 月 13 日）

（2）江苏省财政厅江苏省商务厅关于组织申报 2014 年鲜活农产品直供社区示范工程的通知（苏财工贸〔2014〕125 号，2014 年 8 月 22 日）

（3）江苏省财政厅江苏省商务厅关于组织申报 2014 年省级商务重点改革试点项目的通知（苏财工贸〔2014〕126 号，2014 年 8 月 28 日）

（4）关于印发《江苏省商务厅 2015 年贸易促进计划》（苏商服〔2014〕937 号，2014 年 11 月 10 日）

（5）江苏省农产品冷链物流发展规划（2014~2020）（2014 年 11 月 21 日）

三、地方性政策文件

1. 农村土地承包及流转

（1）徐州市政府关于印发《2014 年〈政府工作报告〉主要目标任务分

解方案》的通知（徐政发〔2014〕9 号，2014 年 2 月 14 日）

（2）中共无锡市委无锡市人民政府关于加快发展现代市场体系的指导意见（锡委发〔2014〕29 号，2014 年 8 月 8 日）

（3）连云港市政府办公室印发关于加强农村产权流转交易市场建设发展实施意见的通知（连政办发〔2015〕56 号，2015 年 4 月 17 日）

（4）宿迁市政府办公室印发关于开展农村土地承包经营权抵押贷款的实施意见的通知（宿政办发〔2015〕62 号，2015 年 6 月 1 日）

（5）盐城市深化农村改革专项资源管理办法（盐财规〔2015〕11 号，2015 年 6 月 5 日）

（6）泰州市政府办公室印发关于加快推进农村产权流转交易市场建设实施方案的通知（泰政办发〔2015〕77 号，2015 年 6 月 12 日）

2. 农业生产经营主体

（1）中共淮安市委农村工作部、淮安市财政局关于做好 2014 年市级财政扶持创建示范性家庭农场项目申报工作的通知（淮委农〔2014〕23 号、淮财农〔2014〕70 号）

（2）中共洪泽县委办公室、洪泽县人民政府办公室《关于促进家庭农场健康发展的意见》（洪办发〔2014〕22 号）

（3）连云港市农业委员会《关于公布 2014 年连云港市现代农业特色产业基地评审结果的通知》（连农〔2014〕182 号，2014 年 12 月 15 日）

3. 农产品生产

（1）市政府办公室关于 2014 年市区都市生态型现代农业发展工作的意见（通政办发〔2014〕47 号，2014 年 3 月 21 日）

（2）市政府办公室印发连云港市关于推进休闲观光农业发展的实施意见的通知（连政办发〔2014〕45 号，2014 年 3 月 26 日）

（3）市政府办公室关于加快推进省级现代农（渔）业产业园区建设的意

见（宿政办发〔2014〕72 号，2014 年 3 月 31 日）

（4）市政府办公厅关于印发 2014 年全市农民增收工作实施意见的通知（宁政办发〔2014〕57 号，2014 年 5 月 30 日）

（5）关于徐州市农业委员会徐州市农产品质量安全智能监管平台项目可行性研究报告的批复（徐发改行政许可服务审字〔2014〕141 号，2014 年 9 月 11 日）

4. 农产品流通

（1）关于印发《2014 年南京市粮食库存检查工作方案》的通知（宁商粮监〔2014〕117 号，2014 年 4 月 4 日）

（2）市政府办公厅关于印发南京市粮食仓储设施建设规划（2014—2020 年度）的通知（宁政办发〔2014〕99 号，2014 年 8 月 25 日）

（3）关于常州市承办第十三届江苏名特优农产品（上海）交易会省级专场推介会的通知（苏农交组办〔2014〕3 号）

附录二　江苏农村农业生产经营发展大事记

一、农村土地承包及流转

✧ **2014年1月7日，江苏省委省政府对全面深化农村改革、深入实施农业现代化工程作出部署。**

会议指出，为了加快构建农户的集约化生产、新型经营主体的规模化经营和社会化服务的新型农业经营体系，积极稳妥推进农村土地承包经营权确权登记颁证，需要落实集体所有权、稳定农户承包权、放活土地经营权，在充分尊重农民意愿的前提下，引导土地经营权有效流转（江苏国土资源，2014）。

✧ **2014年5月15日，江苏省委农村工作领导小组以电视电话会议的形式，召开全省农村土地承包经营权确权登记颁证试点工作推进会议（江苏省政府信息公开，2014）。**

✧ **2014年6月23日，江苏省政府在金坛召开苏南片农村土地承包经营权确权登记颁证工作试点座谈会。**

座谈会分析了苏南片土地承包经营权确权登记颁证试点工作推进情况，研究部署下一阶段工作任务。会议强调，苏南各地要切实统一思想，充分认识做好确权登记颁证工作的重要性、必要性和紧迫性，坚决克服观望抵触情绪、求快冒进心理和片面化认识，坚持进度服从质量，积极稳妥推进（江苏省农业委员会办公室，2014）。

✧ **2014年7月24日，江苏省政府部署2014年下半年“三农”重点工作。**

江苏省委省政府在镇江句容召开江苏省加快现代农业发展促进农民增收工作会议。会议中强调了下半年主要开展的工作之一是以农村产权制度改革为抓手深化农村改革，深入有序推进农村土地承包经营权确权登记颁证试点工作（中央政府门户网站，2014）。

✧ **2014 年 8 月 8 日，江苏省政府在淮安召开苏中苏北片农村土地承包经营权确权登记颁证试点工作座谈会。**

座谈会分析了苏中苏北片土地承包经营权确权登记颁证试点工作推进情况，研究部署下一阶段工作任务。会议指出，对农村土地承包经营权进行确权登记颁证，是推进农村新一轮改革，坚持和完善农村基本经营制度的前提性、基础性工作，也是中央作出的一项重大决策部署。同时强调了下一阶段确权登记颁证工作中的要求，一要坚持依法规范操作；二要妥善调处和化解矛盾和纠纷；三要提高组织保障水平（江苏省农业委员会办公室，2014）。

✧ **2014 年 9 月 1~3 日，江苏省经管站在徐州召开农村土地承包经营权确权登记颁证工作技术方法和质量控制座谈会。**

会议在学习徐州沛县和山东济宁的确权登记颁证工作后，研讨了农村土地承包经营权确权登记颁证关键技术、质量把控和承包控制，并布置了典型案例编写任务（江苏省农业委员会办公室，2014）。

✧ **2014 年 12 月 17~19 日，江苏省农委在泗洪县召开江苏省农村土地承包经营权登记颁证工作座谈会。**

江苏省各市农经部分分管负责人和 16 个整体推进县（市、区）农经部分负责人参加了会议。在参观安徽宿州埇桥区和江苏泗洪双沟镇农村土地承包经营权确权登记颁证工作现场后，与会代表听取了 13 个省辖市和 16 个整体推进县（市、区）的工作情况汇报，分析试点工作存在的问题，并对下一步确权登记颁证工作提出新的要求（江苏省农业委员会办公室，2015）。

✧ **2014 年 12 月 25 日 江苏省省长李学勇主持召开省政府第 48 次常务会议，审议《关于积极引导农村土地经营权有序流转促进农业适度规模经营健康发展的实施意见（审议稿）》（江苏省政府信息公开，2015）。**

✧ **2015 年 5 月 8~9 日，为认真贯彻落实全省春季农业生产工作会议精神，指导各地稳步有序地推进农村土地承包经营权确权登记颁证工作，江苏省农委举办全市农村土地承包经营权确权登记颁证专题业务培训班（江苏省农业委员会，2015）。**

✧ **2015 年 8 月，江苏省政府办公厅及省农委召开全省农村土地承包经营权确权登记颁证进展工作座谈会，了解各地进展情况（江苏省农业委员会，2015）。**

✧ **江苏省机构编制委员会下发《关于整合不动产登记职责的通知》，在江苏省国土资源厅设立不动产登记局（中国江苏网，2014）。**

二、农业生产经营主体

✧ **2014 年 1 月 22 日，江苏省农业工作视频会议召开。**

总结 2013 年全省农业和农村经营管理工作，研究部署 2014 年重点工作，努力实现“三个确保、三个加快、三个提升”，即确保粮食和重要农产品有效供给、确保不发生重大产品质量安全事件、确保不发生区域性重大动物疫情，加快实施农业现代化工程十项行动计划、加快推进农民收入倍增计划十项富民行动、加快构建新型农业经营体系，持续提升农业劳动生产率、农业科技贡献率、农业资源利用率。

✧ **2014 年 4 月 29 日，江苏省加快发展农业龙头企业工作会议在宿迁市宿豫区召开。**

✧ **2014 年 6 月 13 日，扬州市建立农业保险“五个通道”服务新型经营主体发展。**

主要做法：一是建立独立参保通道，二是建立便捷核灾通道，三是建立防灾直达通道，四是建立绿色理赔通道，五是建立费率优惠通道。

✧ **2014 年 7 月 6~14 日，江苏省农委专门组织省财政厅、部分县市合作社辅导员和部分试点合作社综合社理事长一行 26 人，赴台湾地区参加了农民合作社综合发展专题培训，重点学习台湾农业发展情况和农会运作经验。**

主要启示为：一是供销经营是农会的首要职责，联结了小农户与大市场，扭转了单个农户的市场弱势地位；二是信贷服务是农会生存发展的关键，促进了农会培育壮大，保障了农业发展资金需求；三是农技推广是农会的核心职能，加速了农业先进技术普及应用，推动了台湾地区现代农业发展；四是质量安全是农会的生命线，打响了台湾农产品品牌，拓展了海内外市场。

✧ **2014 年 7 月 30 日~8 月 7 日，江苏省农委组织部分市、县农工办分管农民合作社工作的主任和业务骨干 28 人，赴台湾地区参加了农民合作社发展第二期专题培训班。**

主要启示为：一是小地主大佃农，较好地解决了农业适度规模经营和谁来种地的问题；二是精致农业，打造了农业品牌，提升了农产品质量；三是农会推广体系及农业产销班，贴近农民，实现了小农户与大市场的有效对接；四是信贷服务，保障了农会自身建设和农业发展的资金需求。

✧ **2014 年 9 月 9 日，江苏省 25 个县（市、区）被列为全国新型职业农民培育示范县。**

江苏省全面启动新型职业农民培育工程，通过示范县示范作用，推动全省新型职业农民培育工作。全省建设一个整体推进部级示范市——常州市、13 个部级示范县（市、区）、25 个省级示范县（市、区）。全省部、省两级下达新型职业农民培育经费 1.255 亿元，其中省级财政 1 亿元、中央财政 0.255 亿元，全省培育新型职业农民 14.8 万人。

✧ **2014 年 9 月 15 日，江苏省人民政府办公厅第 222 期专报信息《泰州市金融支持家庭农场发展的主要做法》。**

主要做法包括：一是搭建信用平台，二是提供灵活多样的金融产品和服务，三是创新特色抵（质）押产品，四是创新金融支持家庭农场绿色通道。

✧ **2014 年 10 月，申报农业部 2014 年度农业技术服务创新项目 1 项，主要**

内容是开展农民合作社内部信用合作试点。

项目实施地为宜兴市，选择坤兴养猪专业合作社等 3 家管理民主、运行规范、带动力强、成员资金需求旺盛的农民专业合作社开展试点。试点目标：通过 2 年探索，建立一整套合作社内部信用合作的制度机制和一系列相关管理系统，最终探索建立规模适度、管理规范、运行有效和风险可控的农民合作社内部信用合作模式，为解决农民合作社“融资难、融资贵”问题，探索低成本、可复制、易推广、能持续的操作实施规程（江苏省农委农民合作社指导处，2014）。

✧ **2014 年 12 月 3 日，农业部等九部委联合发文，公布全国农民合作社发展部际联席会议认定的首批国家农民合作社示范社名单，江苏省 150 家农业类合作社被评为国家示范社，数量与山东、河南两省并列全国第一（江苏省农业委员会办公室，2014）。**

✧ **2014 年 12 月 20~21 日，由江苏省农业委员会指导，江苏省农业生产资料推广应用协会主办的首届江苏品牌农资（南京）交易会在江苏国际农业展览中心举办（江苏省农业委员会办公室，2015）。**

✧ **2014 年 12 月 28~30 日，第八届江苏省农民合作社产品展销会在南京市规划建设展览馆举行（江苏省农业委员会办公室，2015）。**

✧ **2015 年 1 月 27 日，召开江苏省第十二届人民代表大会第三次会议。**

省长李学勇在会上总回顾了 2014 年的工作：现代农业建设取得新进展，农业科技进步贡献率达 64.20%，农业综合机械化水平达 80.00%，新型经营主体规模经营占比达 45.00%，家庭农场达到 2.18 万家，农民专业合作社入社农户 1037 万户。提出了 2015 年的主要工作任务：加快推进农业现代化；加快培育新型农业经营主体；大力发展家庭农场，加强农民职业技能培训，提高培训实效；提升农民合作社发展质量，充分发挥农业龙头企业带动作用；鼓励引导工商资本到农村发展适合企业化经营的现代种养业；加快构建现代农业产业体系。

✧ **2015 年 3 月 17 日，江苏省农民合作社指导处、省财政厅农业处联合召开**

农民合作社融资改革会议（江苏农业网，2015）。

✧ **2015 年 4 月 14 日，江苏省涉农专业应届毕业生新型职业农民创新创业培训示范班在江苏农林职业技术学院开班（中国高校之窗，2015）。**

✧ **2015 年 4 月 16 日，江苏南京江宁新型农业经营主体探索抱团发展新路径。**

近年来，随着南京市江宁区农民合作社、家庭农场等新型农业经营主体数量的不断增多，农业生产呈现出农户单打独斗向组织密切靠拢的渐进态势。主要做法：一是依托龙头建组织，二是集约经营优服务，三是抱团发展闯市场。

✧ **2015 年 6 月 10~18 日，江苏省农委组织省农民合作社示范社理事长一行 24 人，赴台湾地区参加农民合作社规范发展专题培训。**

台湾农会和产销班的运作经验对江苏省农民合作社发展具有较强的借鉴作用，要吸取其好做法，结合省情不断开拓创新。主要启示：一是突出抓好农民合作社规范化发展，二是突出抓好农产品营销体系建设，三是突出抓好农民合作社改革创新。

✧ **2015 年 6 月 24 日，扬州市广陵区“三个明确”破解家庭农场配套设施用地难题。**

主要做法是“三个明确”：一是明确备案所需材料和样式；二是明确公示的要求和时间；三是明确备案事项的办结期限。

✧ **2015 年 8 月 20 日，省政府办公厅印发关于省政府 2015 年度十大主要任务百项重点工作上半年实施情况通报的通知。**

加快培育新型农业经营主体。大力发展家庭农场，新增 200 家省级示范性家庭农场，合理配置农业机械的家庭农场达 200 家。开展农业职业技能培训 16 万人、渔民技能培训 5 万人以上。培育 500 家省级农民合作社示范社，新增入社农户 45 万户。达到规范建设目标的农机合作社 350 家。省级以上农业龙头企业年销售额增长 10%，带动农户数增长 6%。农业综合开发投入财政资金 3 亿元，扶持农业龙头企业和农民专业合作社 170 个以上。

✧ **2015 年 8 月 25 日，农行南京高淳支行大力支持新型农业经营主体信贷。**

近年来，高淳支行紧跟国家政策和客户现实需求，针对专业大户、家庭农场和农村各专业合作社等新型农业经营主体，加大创新产品运用，2015 年上半年，共支持新型农业主体 38 户，贷款投放达 826 万元，有力支持了地方农村经济快速发展，真实履行了农行面向三农、支持农业发展的承诺。

✧ **2015 年 4~8 月，全省农产品电子商务万人培训顺利完成。**

✧ **2015 年 9 月 28 日，江苏省打造全国首个水产品质量安全可溯源电商平台。**

苏宁云商与省海洋与渔业局达成战略合作，在苏宁易购超市频道“中华特色馆”接入“江苏优质水产品”电商平台，开卖阳澄湖大闸蟹、固城湖螃蟹、盱眙小龙虾、洪泽湖银鱼等特色水产。这是江苏行业主管部门与电子商务企业合作打造的第一个服务于江苏农业的综合平台，也是全国首家重点推动水产品质量安全可溯源的电商平台。

✧ **2015 年 10 月，扬州市成立农户家庭农场协会构建服务“三农”新平台。**

扬州市成立全省首家市级农户家庭农场协会，首批加入协会的会员单位 172 个，其中家庭农场 162 个，经营面积 6.2 万亩；团体成员 10 个，主要是直接与农业生产相关联的农技、农资、保险、金融部门和农机合作社。

✧ **2015 年 10 月 24~25 日，淮安市举办全市示范家庭农场培训班。**

✧ **2015 年 10 月 25 日，江苏新增 5 家国家级农业产业化示范基地。**

✧ **2015 年 11 月 18 日，金坛区召开新型职业农民培育推进会。**

✧ **2015 年 12 月 3 日，江苏省被列为粮食生产全程机械化示范省。**

三、农产品生产

✧ **2014 年 2 月 24 日，全国农村经营管理工作会议在江苏南京召开。**

农业部副部长陈晓华出席会议并讲话，副省长徐鸣到会致辞，会议深入贯彻党的十八届三中全会、中央农村工作会议和全国农业工作会议精神，总结交流 2013 年工作情况，部署 2014 年和今后一个时期的农村经营管理工作，同时强调农村经营管理工作要力争在五个方面取得新突破。

✧ **2014 年 3 月 28 日，副省长徐鸣参加在高邮召开的全省春季农业生产工作会议并讲话。**

徐鸣说，抓好春季农业生产，是夺取夏熟及全年农业丰收的关键；要及时组织农技人员深入一线，强化农业科技服务，指导农民落实田管措施，加强病虫情预测预报，最大限度控制病虫发生危害；狠抓春夏播布局落实，扩大粳稻种植面积，确保全省水稻面积稳定在 3400 万亩左右，抓好蔬菜和畜禽、水产等生产，保障市场供应，增加农民收入；做好森林防火工作；抓好农村承包土地确权登记工作，加大扶贫开发力度。

✧ **2014 年 12 月 13~14 日，习近平总书记到南京、镇江深入考察调研并发表重要讲话，指出要把推动现代农业发展列为“五个迈上新台阶”重点任务之一，并嘱托江苏为全国农业发展“带好头、领好向”，把工业化、信息化、城镇化、农业现代化同步发展真正落到实处。**

✧ **2014 年 12 月 28 日，农业部部长韩长赋在南通、苏州、无锡调研江苏省现代农业建设，重点围绕贯彻落实习近平总书记视察江苏时的重要讲话和中央经济工作会议、中央农村工作会议精神，进一步加快转方式、调结构，推进农业现代化。**

农业部部长韩长赋在江苏调研时强调，各级农业部门要认真学习贯彻习近平总书记视察江苏时的重要讲话和中央农村工作会议精神，主动适应经济新常态，深化改革，创新驱动，全力推进农业发展“转方式、调结构”，加快培育新型农业经营主体，积极构建现代农业产业体系，不断提升农业物质装备和技术水平，大力发展现代高效农业，促进农民增收，推动有条件地区率先实现农业现代化。

四、农产品流通

✧ **2014 年 8 月 13 日，南方小麦交易市场举办种粮大户及农业合作社代表座谈会。**

针对种粮大户及农业合作社存在的难题，2014 年 8 月 13 日南方小麦交易市场在靖江举办种粮大户及农业合作社代表座谈会，邀请种粮大户、农业合作社代表及相关行政村领导参观江苏省扬子江现代粮食物流中心烘干设施、仓储设施、码头、靖江市粮油质量监测所以及南方小麦交易市场，并进行现场介绍；通过座谈会听取大家的想法（南方小麦交易市场，2014）。

✧ **2014 年 10 月 17~19 日，2014 海峡两岸（江苏）名优农产品展销会在无锡举办。**

2014 年 10 月 17 日起，江苏无锡举办为期 3 天的 2014 海峡两岸（江苏）名优农产品展销会。此次农展会共有苏台两地近 500 家参展商，带来了 2000 多种两岸名优农产品。其中有大陆居民喜爱的阿里山乌龙茶、日月潭红茶、文山包种茶、牛樟元气锭、水果酵素、黑蒜头、竹盐蔬果调味、凤梨酥、牛轧糖、熏衣草、柚子参、高粱酒、竹炭花生等台湾百大农产品精品。展会期间，共有 36 个单位分别签订了合作采购意向、合同，协议金额达 8.2 亿元，现场零售额近 1700 万元（中国供销合作社，2014）。

✧ **2014 年 11 月 21~23 日，第十二届江苏名特优农产品（上海）交易会在上海国际农展中心举行。**

本届交易会以“安全健康、绿色精品”为主题，旨在展示江苏现代农业形象，扩大江苏农产品在上海市场的占有份额，加强合作，互利互赢。本届交易会汇集了来自江苏各地的 15 大类 666 种系列超 1500 个优质农产品，参展的“三品一标”农产品与新产品比例明显增加，其中新产品数量 83 种，无公害农产品 128 种，绿色食品 72 种，有机食品 16 种。349 家参展企业中，国家级龙头企业 15 家，省级龙头企业 62 家（中国经济网，2014）。

✧ **2014 年 11 月 27 日，江苏省出台《江苏省农产品冷链物流发展规划》。**

江苏省编制出台了《江苏省农产品冷链物流发展规划》（2014~2020 年）。该《规划》围绕消费升级、食品安全和农民增收，提出了到 2020 年江苏省发展农产品冷链物流的七项主要任务，包括优化冷链物流业空间布局、构建重点产业冷链物流体系、完善冷链基础设施、壮大冷链物流企业、发展冷链共同配送、提升冷链物流标准化信息化水平、推进冷链物流模式创新等。

《规划》明确了着力实施产地冷库建设工程、冷链物流示范工程、农产品配送直销平台工程、冷链物流信息平台工程、冷链物流安全工程等五大重点工程，并在规划实施和政策保障方面提出了相关措施。（江苏省政府信息公开，2014）

✧ **2014 年 12 月 28~30 日，第八届江苏省农民合作社产品展销会在南京市规划建设展览馆举行。**

本届展销会设 1 个中心展区和 13 个省辖市展区，328 家农民合作社的 1500 多种优质农副产品参展。据统计，三天展期内现场销售额达 1060 万元，现场对接签约协议额达 1.6 亿元。展销会还评出了 26 家最佳组织奖、63 个畅销产品奖和 57 个最佳人气奖（江苏省农业委员会办公室，2015）。

后　记

江苏省作为我国经济发达的省份，肩负实现“两个率先”、全面达到小康并向基本现代化迈进的战略任务。“十二五”规划目标任务的实现依赖于加快产业结构调整，构建现代产业体系，加快推进城乡经济社会发展一体化。南京农业大学顺应社会经济发展的需求，从2012年开始设立人文社会科学重大招标项目，对江苏省“三农”问题进行系统、科学、持续性专题研究，记录江苏省农业现代化进程的轨迹，以期为实现江苏省经济社会发展、农业科技进步、农业现代化和新农村建设做出重要贡献。

冯淑怡教授过去十多年在对土地制度、农村发展等问题的研究中，通过国家自然科学基金优秀青年基金“农村土地制度与资源配置”（71322301）、国家自然科学基金“农地规模经营研究：驱动机理、绩效评价、政策设计”（71673144）、高等学校博士学科点专项科研基金“农地股份合作制的形成机制、治理结构与制度绩效研究”（20130097110038）、国家自然科学基金“环境因素、成员异质性和产品特性对农民专业合作社绩效影响研究”（71173097）、江苏省“333高层次人才培养工程”、高校“青蓝工程”、“六大人才高峰”高层次人才等项目的资助，深入江苏农村社会实际，系统地研究了江苏省农村土地承包经营权流转、农业生产经营主体、农产品生产与流通等热点问题，积累了大量的一手资料，对“三农”问题的现状、问题和政策措施有了较为深刻的认识。

2013年初，冯淑怡教授有幸承担了南京农业大学人文社会科学重大招标项目《江苏新农村发展系列报告》之一的《江苏农村农业生产经营发展报告》（2013~2015）的研究任务。在南京农业大学科学研究院人文社科处的精心组织和指导下，课题组坚持严谨、务实、求真、创新的学风，以高度的责任感和使命感开展了各项研究活动。在制订详细研究方案的基础上，课题组通过召开小型专题研讨会和工作讨论会，明确了研究的框架体系和具体的研究内容，从农村土地承包经营权流转、农业生产经营主体、农产品生产和农产品流通四个方面展开专题研究；通过多次走访江苏省相关政府部门，收集江苏省经济社会发展相关资料，掌握江苏省“三农”问题的最新政策措施；通过设计问卷，实地调查了 9 个市、11 个县（市）、30 个乡镇、60 个村，完成了 693 个农户和 114 个大户的问卷调研。经过大半年的努力，《江苏省农村农业生产经营发展报告 2015》终于付梓。

在课题研究的每一个重要阶段，研究团队成员会商研讨、集思广益、分工合作、相互启发，共同努力。本发展报告的编写人员有：冯淑怡、陆华良、张兰、赖映圻、吕沛璐、肖泽干、王博、李静、温亚霖、李炜、孔岩、鲁力翡、穆亚丽、邱琦、黄挺等。冯淑怡、陆华良、张兰对全书作了最后统稿和校对。

江苏省委办公厅农村处张利强处长、江苏省供销合作总社诸纪录主任、江苏省扶贫办扶贫开发研究所褚夫运所长、江苏省农委农村合作经济经营管理站杜海蓉站长、王建华科长、农村经济体制与经营管理处纪漫云处长、费贵华副处长、李明副处长、杜德明主任科员、市场与经济信息处徐琛副处长、陈甜甜主任科员、农民合作社指导处蔡国新处长、张玉庆处长、杨永康主任科员、杜静主任科员、农业产业化发展指导处靳雪辉科长、江苏省统计局办公室王伟副主任、国家统计局江苏调查总队居民收支调查处王成副处长等为课题组提供了丰富的资料，传授了宝贵的经验，并大力支持实地调研，在此一并表示衷心感谢！

中央十八届三中全会提出了以赋予农民更多权力和利益、推进城乡发展一体化为主线的农村改革任务。十八届四中全会提出了依法治国的战略方针，进一步发挥法治在推进农业农村改革发展、实现“四化同步”的保驾护航作用。2016 年中央农村工作会议提出了“十三五”时期农业农村工作要坚持创新、协调、绿色、开放、共享的发展理念，牢固树立强烈的短板意识，坚持问题导向，切实拉长农业这条“四化同步”的短腿、补齐农村这块全面小康的短板。

随着我国农村经济的快速发展和城乡发展一体化进程的加快，江苏省农村农业生产经营工作面临新挑战，需要不断研究新问题，揭示新规律，取得新成果。2015 年的发展报告仅是我们在这一领域研究的初步探索。由于农村农业生产经营发展问题涉及面广，综合性强，新政策不断出台，加上我们的理论和政策水平有限，理解和总结的不足之处、不当之处在所难免，希望读者和同仁们提出宝贵意见或建议，以指导我们今后更好地开展研究。

最后，感谢科学出版社编辑同志对本书出版所付出的努力和提供的帮助！

著　者

2015 年 12 月 26 日于金陵